A Participação
das Regiões Autónomas
nos Assuntos da República

A Participação das Regiões Autónomas nos Assuntos da República

2012

Ana Maria Guerra Martins
Professora Associada com Agregação
da Faculdade de Direito da Universidade de Lisboa

A PARTICIPAÇÃO DAS REGIÕES AUTÓNOMAS
NOS ASSUNTOS DA REPÚBLICA
AUTOR
Ana Maria Guerra Martins
EDITOR
EDIÇÕES ALMEDINA, S.A.
Rua Fernandes Tomás, nºs 76, 78 e 80
3000-167 Coimbra
Tel.: 239 851 904 · Fax: 239 851 901
www.almedina.net · editora@almedina.net
DESIGN DE CAPA
FBA.
PRÉ-IMPRESSÃO
G.C. – GRÁFICA DE COIMBRA, LDA.
Palheira Assafarge, 3001-453 Coimbra
producao@graficadecoimbra.pt
IMPRESSÃO E ACABAMENTO
Tipografia Lousanense, Lda. – Lousã
Março, 2012
DEPÓSITO LEGAL
341218/12

Apesar do cuidado e rigor colocados na elaboração da presente obra, devem os diplomas legais dela constantes ser sempre objeto de confirmação com as publicações oficiais.
Toda a reprodução desta obra, por fotocópia ou outro qualquer processo, sem prévia autorização escrita do Editor, é ilícita e passível de procedimento judicial contra o infrator.

 GRUPOALMEDINA

BIBLIOTECA NACIONAL DE PORTUGAL – CATALOGAÇÃO NA PUBLICAÇÃO
GUERRA, Ana Maria Guerra
A participação das Regiões Autónomas nos assuntos da República. - (Monografias)
ISBN 978-972-40-4767-6
CDU   342

ÍNDICE

ÍNDICE	5
NOTA PRÉVIA	9
I – SUMÁRIO PORMENORIZADO DA LIÇÃO	11
§1º PRELIMINARES	13
1. O OBJETO DA LIÇÃO	13
2. O ENQUADRAMENTO CURRICULAR DA LIÇÃO	14
3. JUSTIFICAÇÃO DA ESCOLHA DO TEMA DA LIÇÃO	15
4. A METODOLOGIA DA EXPOSIÇÃO	16
§2º PLANO	19
§3º INDICAÇÃO DE SEQUÊNCIA	21
II – DESENVOLVIMENTO DA LIÇÃO	25
1. DELIMITAÇÃO DO OBJETO DA LIÇÃO	27
1.1. Enquadramento da participação das regiões autónomas no âmbito da autonomia político-administrativa	27
1.2. Conceito de participação	30
1.2.1. Elementos do conceito de participação	30
1.2.2. Delimitação negativa do conceito de participação: exclusão de figuras próximas	31
A) A decisão	31
B) A codecisão	32

ÍNDICE

C) A iniciativa	33
i) A iniciativa legislativa	33
ii) A iniciativa de referendo regional	40
D) A legitimidade processual ativa	41

2. A EVOLUÇÃO DA PARTICIPAÇÃO DAS REGIÕES AUTÓNOMAS NO DIREITO CONSTITUCIONAL PORTUGUÊS — 44

2.1. Antes da Constituição de 1976 — 44
2.2. A Constituição de 1976 — 46
2.3. As revisões constitucionais — 49
2.4. Síntese: ampliação ou diminuição dos poderes de participação das regiões autónomas nos assuntos da República? — 53

3. O ÂMBITO DA PARTICIPAÇÃO DAS REGIÕES AUTÓNOMAS NOS ASSUNTOS DA REPÚBLICA — 54

3.1. As fontes da participação das regiões autónomas nos assuntos da República — 54
3.2. Quadro geral e grau de participação das regiões autónomas — 58
3.3. A participação das regiões autónomas nos assuntos internos da República — 59

    3.3.1. Questão prévia: as dificuldades inerentes à distinção entre a audição facultativa e a audição obrigatória — 60
    3.3.2. A audição facultativa das regiões autónomas — 62
    3.3.3. A participação específica constitucionalmente consagrada — 63
    A) Os planos nacionais — 64
    B) A política fiscal, monetária, financeira e cambial — 65
    C) As políticas respeitantes às águas territoriais, à zona económica exclusiva e aos fundos marinhos — 66
    3.3.4. A audição obrigatória — 67
    A) A audição obrigatória específica — 68
    B) A audição obrigatória genérica — 69
    i) Assuntos da competência político-legislativa dos órgãos de soberania — 69
    ii) Assuntos respeitantes às regiões autónomas no domínio político-legislativo — 70
    iii) Assuntos da competência administrativa dos órgãos de soberania — 77
    iv) Assuntos respeitantes às regiões autónomas no domínio administrativo — 79

3.4. A participação das regiões autónomas nas relações externas do Estado Português — 80

    3.4.1. A participação das regiões autónomas no processo de construção trução europeia — 80

A) Definição das posições do Estado Português	80
B) Delegações envolvidas em processos de decisão da União Europeia	84
C) Representação nas instituições regionais europeias	85
3.4.2. A participação das regiões autónomas nas relações internacionais	86
A) As negociações de tratados e acordos internacionais e os benefícios deles decorrentes	86
B) A participação das regiões nos outros direitos e prerrogativas do Estado	92
4. O PROCEDIMENTO DE PARTICIPAÇÃO	95
4.1. As modalidades de participação	95
4.2. Os sujeitos envolvidos na participação	96
4.2.1. Do lado das regiões autónomas	96
4.2.2. Do lado da República	98
A) O Presidente da República	98
B) A Assembleia da República e o Governo	100
4.3. As formas de participação	101
4.3.1. A audição das regiões autónomas	101
4.3.2. Construção europeia e relações externas	102
4.4. O momento da participação	102
4.4.1. O prazo	103
4.4.2. O momento no *iter* procedimental	104
A) Assembleia da República	105
B) Governo	106
5. A PATOLOGIA DA PARTICIPAÇÃO	107
5.1. A falta total de participação	108
5.1.1. Nos assuntos internos do Estado	108
A) O caso dos poderes de participação constitucionalmente concretizados	109
B) O caso dos poderes de participação sem concretização constitucional	109
5.1.2. Nos assuntos externos do Estado	110
A) Processo de construção europeia	111
B) Nos assuntos internacionais	115
5.2. A participação indevida	118
5.2.1. Participação por defeito e inconstitucionalidade	118
5.2.2. Participação por defeito e ilegalidade	121
5.2.3. Participação por excesso e inconstitucionalidade	122
5.2.4. Irrelevância da participação por excesso	123

ÍNDICE

A) Audição relativa à totalidade do diploma — 123
B) Revisão constitucional — 124

6. A FORMA DE ESTADO E A PARTICIPAÇÃO DOS ENTES INFRA-ESTADUAIS EM ALGUMAS EXPERIÊNCIAS CONSTITUCIONAIS ESTRANGEIRAS — 124

6.1. O critério de seleção das experiências constitucionais estrangeiras objeto de estudo — 126
6.2. O caso italiano — 127
   6.2.1. Considerações introdutórias — 127
   6.2.2. A participação das Regiões italianas nos assuntos internos do Estado — 129
   6.2.3. A participação das Regiões italianas nos assuntos externos do Estado — 130
   6.2.4. Esboço comparativo — 132
6.3. O caso espanhol — 133
   6.3.1. Considerações preliminares — 133
   6.3.2. A participação das Comunidades Autónomas nos assuntos internos do Estado — 134
   A) A Constituição — 134
   B) Os Estatutos das Comunidades Autónomas — 136
   6.3.3. A participação das Comunidades Autónomas nos assuntos externos do Estado — 139
   6.3.4. Esboço comparativo — 142
6.4. O caso alemão — 142
   6.4.1 Considerações prévias — 142
   6.4.2. A participação dos *Länder* nos assuntos do *Bund,* em especial nas relações externas — 144
   6.4.3. Esboço comparativo — 148
6.5. Síntese — 149
6.6. A congruência da participação das regiões autónomas nos assuntos da República em face da forma de Estado — 150

7. SÍNTESE E CONCLUSÕES — 154

BIBLIOGRAFIA CITADA — 157

NOTA PRÉVIA

O estudo que ora se publica corresponde ao resultado da investigação que serviu de base à lição proferida pela Autora, no âmbito das provas públicas de agregação, em Direito (área de Ciências Jurídico-Políticas), realizadas nos dias 4 e 5 de julho de 2011, na Universidade de Lisboa, perante um júri constituído pelos Senhores Professores Doutores Maria Amélia Martins-Loução (Vice-Reitora e Presidente), Gomes Canotilho, Vieira de Andrade, Alves Correia, Freitas do Amaral, Jorge Miranda, Marcelo Rebelo de Sousa, Fausto de Quadros, Duarte Nogueira e Maria da Glória Dias Garcia.

A arguição da lição esteve a cargo do Senhor Professor Doutor Jorge Miranda, a quem se agradece a apreciação crítica e construtiva, que muito contribuiu para o enriquecimento da prova.

O presente trabalho é dedicado a todos aqueles que, ao longo de mais de duas décadas, foram meus alunos.

Lisboa, dezembro de 2011
ANA MARIA GUERRA MARTINS

I
Sumário Pormenorizado da Lição

§ 1º
Preliminares

1. O objeto da lição

Nos termos do preceituado no artigo 5º, alínea *c*), do D.L. nº 239/2007, de 19 de junho, que estabelece o regime jurídico do título académico de agregado, as provas de agregação incluem *"um seminário ou lição dentro do âmbito do ramo do conhecimento ou da especialidade em que são prestadas as provas, e sua discussão"*, determinando o artigo 8º, nº 2, alínea *c*), do mesmo diploma que o requerente das referidas provas deve entregar um *"sumário pormenorizado do seminário ou lição"*. É esta exigência legal que o presente documento visa cumprir.

A lição que vamos proferir versa sobre *"A participação das Regiões Autónomas nos assuntos da República"*.

Salta à vista desarmada que se trata de um tema que se insere no âmbito do direito constitucional – e será, com efeito, nessa perspetiva que vai ser abordado – sem prejuízo de incursões por outras áreas jurídicas (Direito Internacional Público e Direito da União Europeia) e afins (Direito Comparado, a História Constitucional e até a Ciência Política).

Esta opção não implica, contudo, uma perspetiva meramente positivista de análise exegética dos preceitos jurídico-constitucionais. Pelo contrário, procurar-se-á explicar a *ratio* da participação das regiões autónomas nos assuntos da República, do ponto de vista sistémico, no contexto dos modelos de Estado de Direito Democrático e do Estado unitário e dos princípios de repartição de atribuições entre as regiões autónomas e a República quer ao nível horizontal quer ao nível vertical.

2. O enquadramento curricular da lição

Enquadrando-se o tema da lição no direito constitucional, ela poderá ser proferida, de acordo com o plano de estudos em vigor, na Faculdade de Direito da Universidade de Lisboa, em uma de duas unidades curriculares semestrais – direito constitucional I e direito constitucional II – no 1º ano da licenciatura.

Uma vez que a temática da participação das regiões autónomas nos assuntos da República pressupõe alguns conhecimentos jurídicos que supostamente terão sido adquiridos na disciplina de direito constitucional I, afigura-se-nos que o lugar mais adequado para a presente lição é a unidade curricular de direito constitucional II.

Ora, a área do conhecimento jurídico desta unidade curricular é estudada na Faculdade de Direito da Universidade de Lisboa no âmbito das disciplinas afetas ao Grupo de Ciências Jurídico-Políticas, área em que a candidata prestou as suas provas de agregação. Está, assim, igualmente justificado o cumprimento do requisito legal de a lição incidir sobre um tema dentro da área do conhecimento ou especialidade em que são prestadas as provas (artigo 5º, alínea *c*), do D.L. nº 239/2007, já citado).

Naturalmente que o vasto leque de matérias a lecionar nestas duas disciplinas jamais permitiria dispor de uma aula teórica inteira para expor o tema desta lição. Porém, como outros já salientaram[1], esta prova assenta em múltiplas pressuposições hipotéticas, incidindo a primeira sobre os seus destinatários – na realidade, não são alunos do 1º ano, mas sim professores catedráticos –, pelo que, por essa razão, e pela natureza da própria prova, impõe-se um grau de desenvolvimento e de aprofundamento dogmático do tema que justifica a utilização dos 60 minutos que a lei confere à lição.

---

[1] PAULA COSTA E SILVA, *As operações a descoberto de valores mobiliários*, Coimbra, Coimbra Editora, 2010, p. 9 e 10; PAULO OTERO, *A renúncia do Presidente da República na Constituição Portuguesa*, Coimbra, Almedina, 2004, p. 12.

3. Justificação da escolha do tema da lição

A escolha do tema da lição justifica-se, desde logo, pela centralidade que o princípio da autonomia regional assume no contexto da Constituição Portuguesa de 1976 (cfr. artigo 6º, nº 1), a qual, além de conferir às regiões autónomas atribuições legislativas, governativas e administrativas, prevê também a sua participação na formação de certas decisões dos órgãos de soberania.

Não se tratando de um terreno totalmente inexplorado, dado que existem estudos sobre alguns aspetos[2] da participação das regiões autónomas nos assuntos da República, referências nos manuais de direito constitucional[3] e nas Constituições Anotadas[4], a verdade é que

---

[2] Sobre a audição, cfr., por exemplo, JORGE MIRANDA, "Sobre a audição dos órgãos das Regiões Autónomas pelos órgãos de soberania", *in Estudos em Homenagem à Professora Doutora Isabel de Magalhães Collaço*, volume II, Coimbra, Almedina, 2002, p. 779 e ss; ALEXANDRE SOUSA PINHEIRO, "Audições das Regiões Autónomas previstas no Regimento do Conselho de Ministros – Anotação ao Acórdão do Tribunal Constitucional nº 130/06", *Jurisprudência Constitucional*, nº 9, 2006, p. 35 e ss.

Sobre a participação nas relações externas, cfr., por exemplo, ANTONIO MARTINEZ PUÑAL, "As Regiões Autónomas dos Açores e da Madeira e a actividade externa de Portugal", *Scientia jurídica*, 1983, p. 26 e ss.

Sobre a participação no processo de construção europeia, cfr., por exemplo, MARIA LUÍSA DUARTE, "União Europeia e Entidades Regionais: as Regiões Autónomas e o processo comunitário de decisão", *in A União Europeia e Portugal: a actualidade e o futuro*, Coimbra, Almedina, 2005, p. 29 e ss.

E ainda sobre a reserva de iniciativa estatutária, cfr. FRANCISCO LUCAS PIRES / PAULO CASTRO RANGEL, "Autonomia e soberania (Os poderes de conformação da Assembleia da República na aprovação dos projectos de estatutos das regiões autónomas)", *in* MANUEL AFONSO VAZ / J. A. AZEREDO LOPES (coord.), *Juris et de jure – Nos vinte anos da Universidade Católica Portuguesa – Porto*, Porto, 1998, p. 411 e ss e sobre a iniciativa legislativa, cfr., por exemplo, DUARTE REGO PINHEIRO, "Notas sobre o poder regional de iniciativa legislativa", *in Estudos de Direito Regional*, Lisboa, Lex, 1997, p. 803 e ss.

[3] Cfr., por exemplo, JORGE MIRANDA, *Manual de Direito Constitucional*, tomo III, Estrutura constitucional do Estado, 6ª ed., Coimbra, Coimbra Editora, 2010, p. 322 e ss; PAULO OTERO, *Direito Constitucional Português – Organização do Poder Político*, volume II, Coimbra, Almedina, 2010, p. 598 e ss; J. J. GOMES CANOTILHO, *Direito Constitucional e Teoria da Constituição*, 7ª ed., Coimbra, Almedina, 2003, p. 359 e ss.

[4] Cfr., por exemplo, RUI MEDEIROS, "Anotação ao artigo 227º", *in* JORGE MIRANDA / RUI MEDEIROS, *Constituição Portuguesa Anotada*, volume III, Coimbra, Coimbra Editora, 2007, p. 331 e ss; J. J. GOMES CANOTILHO / VITAL MOREIRA, Anotação aos artigos

o interesse da doutrina pelo tema não atingiu o limiar do tratamento monográfico. Por conseguinte, permanece em aberto espaço para a problematização e para a construção dogmática.

À escolha do tema da lição não foi alheia a nossa experiência docente na Faculdade de Direito da Universidade de Lisboa cujo Conselho Científico nos atribuiu, em diversas ocasiões, o encargo de regência de disciplinas de direito constitucional, nas quais lecionámos a temática objeto desta lição e, por essa via, pudemos testar a nossa capacidade de ensinar bem como a capacidade de os alunos apreenderem esta matéria.

À dimensão teórica do tema deve juntar-se a dimensão prática, ou seja, a sua ligação à vida real, o que se prova pela frequência com que o Tribunal Constitucional – quer por via preventiva quer por via sucessiva – tem sido chamado a "dirimir conflitos" entre as regiões autónomas e a República com base na problemática da participação das primeiras nas decisões da segunda.

4. A metodologia da exposição

Tendo em consideração que, hipoteticamente, a lição se destina a alunos do 1º ano, mas os seus reais destinatários são professores catedráticos – que têm por objetivo avaliar a qualidade do currículo académico, profissional, científico e pedagógico do/a candidato/a, a sua capacidade de investigação e a sua aptidão para dirigir e realizar trabalho científico independente (artigo 3º, nº 1, do D.L. nº 239/07 *supra* mencionado) – é, por demais, evidente que o/a candidato/a não deixará de utilizar a lição para provar ao júri as qualidades, a capacidade e a aptidão que a lei exige para que lhe seja conferido o título de agregado.

Daí que o/a candidato/a se encontre perante um "paradoxo" cuja solução passa, em nosso entender, por apresentar no início da lição o seu plano, através da utilização de uma linguagem suficientemente simples que seja acessível a um aluno do 1º ano e que não corra o risco de ser considerada simplista por um professor catedrático.

229º e 231º, nº 2, *in CRP – Constituição da República Portuguesa Anotada*, vol. II, 4ª ed. rev., Coimbra, Coimbra Editora, 2007, p. 688 e ss e 698 e ss; MARCELO REBELO DE SOUSA / JOSÉ MELO ALEXANDRINO, Anotações aos artigos 227º e 229º, *in Constituição da República Portuguesa Comentada*, Lisboa, Lex, 2000, p. 357 e ss e 363 e ss.

Além disso, a exposição deve partir do mais simples para o mais complexo, de modo a que o tratamento das questões mais complicadas seja deixado para a última parte da lição, ou seja, num momento em que os alunos já conheceriam os principais aspetos do regime jurídico da participação das regiões autónomas nos assuntos da República.

No decurso da exposição – e sempre que possível – devem ser dados exemplos práticos de modo a que o aluno do 1º ano sinta que o tema se liga a algo conhecido ou de que já ouviu falar. Esses exemplos devem, preferencialmente, provir da Jurisprudência, de modo a que a lição não se reduza a uma mera exegese das normas constitucionais atinentes à participação das regiões autónomas nos assuntos da República, devendo chamar igualmente a atenção dos alunos para a dimensão aplicativa do Direito.

É, portanto, com base nestas coordenadas que elaborámos o plano da lição, o qual vai ser apresentado no ponto seguinte.

§ 2º
Plano

1. Delimitação do objeto da lição
    1.1. Enquadramento da participação das regiões autónomas no âmbito da autonomia político-administrativa
    1.2. Conceito de participação

2. A evolução da participação das regiões autónomas no direito constitucional português
    2.1. Antes da Constituição de 1976
    2.2. A Constituição de 1976
    2.3. As revisões constitucionais
    2.4. Síntese: ampliação ou diminuição dos poderes de participação das regiões autónomas nos assuntos da República

3. O âmbito da participação das regiões autónomas nos assuntos da República
    3.1. As fontes da participação das regiões autónomas nos assuntos da República
    3.2. Quadro geral e grau de participação das regiões autónomas
    3.3. A participação das regiões autónomas nos assuntos internos da República

3.4. A participação das regiões autónomas nas relações externas do Estado Português

4. O procedimento da participação
4.1. As modalidades de participação
4.2. Os sujeitos envolvidos na participação
4.3. As formas de participação
4.4. O momento da participação

5. A patologia da participação das regiões autónomas nos assuntos da República
5.1. A falta total de participação
5.2. A participação indevida

6. A forma de Estado e a participação dos entes infraestaduais em algumas experiências constitucionais estrangeiras
6.1. O critério de seleção das experiências constitucionais estrangeiras objeto de estudo
6.2. O caso italiano
6.3. O caso espanhol
6.4. O caso alemão
6.5. Síntese comparativa
6.6. A congruência da participação das regiões autónomas nos assuntos da República em face da forma de Estado

7. Síntese e conclusões

§ 3º
Indicação de sequência

No ponto nº 1 começaremos por delimitar o objeto da presente lição. Para tanto procederemos a um breve enquadramento da participação no âmbito da autonomia político-administrativa das regiões autónomas e apuraremos quais os elementos (positivos e negativos) que constituem o conceito de participação funcionalmente adequado à integração dos interesses regionais na decisão final do órgão de soberania. A partir daí importará distinguir outras formas de atuação das regiões autónomas constitucionalmente previstas que podem ser encaradas como próximas da participação, mas que nela não se devem incluir.

No ponto nº 2 investigaremos se, no direito constitucional português, anterior à Constituição de 1976, já se verificavam alguns laivos de participação de entes ditos autónomos nos assuntos da República, pelo menos, do ponto de vista formal, ou se, pelo contrário, tal se configura como uma inovação da Constituição atualmente em vigor. Para tanto estudaremos a evolução da participação das regiões autónomas nos assuntos da República. A verdade é que, desde a versão originária da Constituição de 1976, que se tem vindo a conferir um lugar de destaque à figura da participação, pelo que se tornará necessário averiguar se os poderes de participação das regiões autónomas nos assuntos da República têm vindo a aumentar ou a diminuir.

Em seguida, prosseguiremos, no ponto nº 3, com o estudo do âmbito da dimensão participativa das regiões autónomas, procurando indagar quais as bases jurídicas da participação bem como quais os domínios em que a Constituição exige e/ou permite a participação das regiões autónomas, distinguindo para este efeito os assuntos internos dos assuntos externos.

Estabelecido o âmbito material da participação das regiões nos assuntos da República, importará, no ponto nº 4, investigar qual o procedimento que deve ser observado, o que implica a resposta às seguintes questões:

a) *Como* participam as regiões autónomas? Através da emissão de pareceres fundamentados? Através da integração de representantes das regiões nas delegações nacionais? Através da integração como titulares de certos órgãos ou instituições?

b) *Quem* do lado das regiões autónomas tem o direito de participar?

c) *Quem* do lado da República está sujeito à participação?

d) Quais *as formas* de participação? Escrita? Oral? Presencial?

e) Qual *o momento*, ou seja, *quando* deve ser inserida a participação?

Uma vez respondidas todas estas perguntas, estaremos de posse do conhecimento da fisiologia da participação das regiões autónomas nos assuntos da República.

O tema objeto de estudo não se encontrará, todavia, esgotado, na medida em que, por um lado, nem sempre as regras constitucionais e legais enunciadas são integralmente respeitadas pelos intervenientes no processo e, por outro lado, as situações da vida real são muito mais ricas do que as que o legislador foi capaz de projetar nas normas, pelo que importará averiguar quais as consequências jurídicas da falta total de participação das regiões autónomas nos assuntos da República, quando ela é constitucional ou legalmente exigida, ou da participação indevida. É o que se fará no ponto nº 5.

Uma vez estudados os aspetos fisiológicos e patológicos da participação, no ponto nº 6, iremos indagar o sentido que a Constituição confere a essa participação no quadro do modelo de Estado unitário que adota bem como do modelo de Estado de Direito democrático que preconiza. A plena compreensão desta temática beneficiará de um esboço comparativo com outras experiências constitucionais próximas da nossa, como, por exemplo, a italiana, espanhola e alemã. A terminar, teceremos algumas considerações sobre a congruência da participação das regiões autónomas nos assuntos da República dentro da forma de Estado que a Constituição adota.

Terminada a exposição da matéria, uma hipotética aula de direito constitucional II não poderia deixar de finalizar com uma síntese das principais ideias que os alunos devem reter e que constituem, no fundo, as conclusões da lição. É o que se fará no ponto nº 7.

II
Desenvolvimento da lição

1. Delimitação do objeto da lição
1.1. Enquadramento da participação das regiões autónomas no âmbito da autonomia político-administrativa

A Constituição da República Portuguesa (CRP), no artigo 6º, nº 1, caracteriza o **Estado Português** como um **Estado unitário** que deve respeitar na sua organização e funcionamento o regime autonómico insular e o princípio da subsidiariedade. O nº 2 do mesmo preceito acrescenta que *"os arquipélagos dos Açores e da Madeira constituem regiões autónomas dotadas de estatutos político-administrativos e de órgãos de governo próprio"*, o que consubstancia o **princípio autonómico**, o qual, a par do **princípio da unidade do Estado**, deve ser encarado como um princípio fundamental do nosso sistema constitucional.

Assim, a autonomia político-administrativa das regiões autónomas, consagrada, no artigo 6º, nº 1, da CRP, significa que as regiões autónomas, além da autonomia administrativa, dispõem ainda de autonomia político-legislativa. Essa autonomia é desenvolvida nos artigos 225º a 234º da CRP, sendo que o primeiro destes preceitos *"estabelece os pilares político-constitucionais da autonomia regional"*[5], isto é, os **fundamentos**, os **objetivos** e os **limites da autonomia regional**.

De acordo com o nº 1 do artigo 225º CRP, são, essencialmente, dois os **fundamentos do regime autonómico**, ou seja, os fatores que justificam a autonomia regional. Por um lado, as características geográficas, económicas, sociais e culturais dos arquipélagos e, por outro lado, as

---

[5] J. J. GOMES CANOTILHO / VITAL MOREIRA, "Anotação ao artigo 225º", *in CRP...*, p. 642.

históricas aspirações autonomistas das populações insulares. Na verdade, é a insularidade que está na base das especificidades regionais, e que justifica que a vontade regional se autonomize da vontade geral e expresse os interesses regionais que, em muitos casos, são diferentes do interesse nacional[6].

Além disso, a Constituição enumera os **objetivos da autonomia regional**, sendo que alguns deles são inerentes ao próprio princípio autonómico, como é o caso da **participação democrática dos cidadãos e da promoção e defesa dos interesses regionais**, enquanto outros constituem objetivos que devem ser prosseguidos pelo Estado, e só no quadro das tarefas do Estado se podem compreender, tais como o **desenvolvimento económico e social, o reforço da unidade nacional e os laços de solidariedade entre os portugueses**.

Ora, é precisamente no âmbito deste segundo grupo de objetivos da autonomia regional que o fenómeno da participação das regiões autónomas nos assuntos da República se deve enquadrar. As regiões autónomas, por si só, não têm possibilidade de prosseguir estes objetivos, na medida em que eles extravasam do seu âmbito territorial. No entanto, porque se trata de objetivos que também lhes interessam, ou que lhes interessam primordialmente, elas devem ter uma palavra a dizer.

A autonomia regional está igualmente sujeita a alguns **limites**.

Sendo as regiões autónomas constitucionalmente qualificadas como pessoas coletivas territoriais (artigo 227º, nº 1, CRP), o **primeiro limite** que têm de enfrentar é, precisamente, o do seu **território**. Quer dizer, "*as regiões autónomas têm no seu território o limite dos seus poderes*"[7], o que significa que os poderes dos órgãos de governo próprio das regiões autónomas estão limitados pelo território da região[8].

Além do limite territorial, a Constituição enumera ainda **dois outros limites** da autonomia político-administrativa das regiões autónomas. Por um lado, **proíbe-se a afetação da integridade da soberania do Estado**, o que deve ser lido em consonância com o caráter unitário do

---

[6] Neste sentido, RUI MEDEIROS, "Anotação ao artigo 225º", *in* JORGE MIRANDA / RUI MEDEIROS, *Constituição...*, p. 275.

[7] Cfr. Acórdão nº 1/91. Disponível em http://www.tribunalconstitucional.pt/tc/acordaos

[8] Acórdão nº 630/99. Disponível em http://www.tribunalconstitucional.pt/tc/acordaos.

Estado, afirmado no artigo 6º CRP, e, por outro lado, **a autonomia deve ser exercida no quadro da Constituição**, ou seja, os órgãos de governo regional devem conformar-se com as normas e os princípios constitucionalmente consignados. A nossa Lei Fundamental impõe, portanto, que a autonomia regional não pode pôr em causa o próprio Estado.

Apesar destes limites, a Constituição atribui às regiões autónomas determinados e extensos poderes que estão sediados, fundamentalmente, no artigo 227º da CRP. De entre esses poderes contam-se o **poder de legislar, de decidir politicamente, de governar e de administrar no âmbito regional.** Ou seja, com exceção da função jurisdicional – que está reservada aos tribunais que são órgãos de soberania da República (artigos 110º e 202º CRP) – e da revisão constitucional, competência reservada ao Parlamento (artigos 161º e 284º e seguintes da CRP), por força do princípio do Estado unitário, **as regiões autónomas são chamadas a intervir em todas as funções do Estado**[9].

De entre os poderes das regiões autónomas contam-se, igualmente, nos termos do artigo 227º da CRP, a **participação não vinculativa nos assuntos da República**, a qual se destina a integrar os interesses regionais na decisão final do órgão de soberania. Assim, com especial relevo para a presente lição, as regiões autónomas detêm o poder de participar em certos assuntos que, fazendo parte da política e da administração geral do país, são da competência dos órgãos de soberania, pois dizem respeito à República, ou seja, a todo o território nacional – e não só ao continente nem só às regiões. Porém, *"numa dupla perspetiva de representação regional e de integração nacional"*[10], questões há que revestem um particular interesse para as regiões autónomas, por lhe dizerem respeito, por lhe dizerem diretamente respeito, por elas serem titulares de um interesse específico ou ainda dispondo de poderes, nomeadamente, legislativos e governativos, por alguma razão, constitucionalmente prevista, não devem exercê-los.

É, pois, deste **poder de tomar parte, de expressar a sua opinião junto dos órgãos de soberania, sendo ouvidas, e de informar os**

---

[9] JORGE MIRANDA, *Manual...*, tomo III, p. 316.
[10] JORGE MIRANDA, *Manual...*, tomo III, p. 316.

órgãos de soberania acerca da sua posição sobre determinado assunto que esta lição se vai ocupar.

Note-se, contudo, que a expressão do juízo, da posição, da vontade da região autónoma pode manifestar-se segundo modalidades muito distintas, como sejam:

a) a iniciativa legislativa perante o órgão de soberania – Assembleia da República (cfr. artigo 227º, nº 1, alíneas *e)*, e *f)*, da CRP);

b) a iniciativa de referendo regional perante o Presidente da República (cfr. artigo 232º, nº 2, CRP);

c) a comunicação, por via oral ou escrita, da posição regional ao órgão ou órgãos de soberania sobre determinados assuntos (cfr. alíneas *p)*, 2ª parte, *r)*, *s)* e *v)*, 1ª parte, do nº 1 do artigo 227º CRP);

d) a integração da posição regional na negociação de tratados ou acordos internacionais (cfr. artigo 227º, nº 1, alínea *t)*, da CRP)

e) a integração de representantes das regiões autónomas nas delegações nacionais envolvidas em processos de decisão da União Europeia (cfr. artigo 227º, nº 1, alínea *v)*, 2ª parte, CRP);

f) a designação de titulares de algum ou alguns órgãos da União Europeia (cfr. artigo 227º, nº 1, alínea *x)*, CRP).

Em certo sentido todas estas modalidades de expressão da vontade da região autónoma poderiam, eventualmente, ser enquadráveis num conceito amplo de participação. Porém, na presente lição, não nos vamos ocupar de todas elas. Pelo contrário, o nosso estudo restringir-se--á às que se apresentam uma maior proximidade e uma maior conexão com o objetivo acima referido de integração dos interesses regionais na decisão final do órgão de soberania.

Partindo deste pressuposto, importa, antes de mais, delimitar o conceito de participação funcionalmente adequado à presente lição.

1.2. Conceito de participação
1.2.1. Elementos do conceito de participação

Em nosso entender, o conceito de participação, relevante para esta lição, delimita-se a partir de **quatro elementos positivos e de um elemento negativo**, sendo os elementos positivos os seguintes:

- a possibilidade de tomada de posição por parte da região autónoma;
- essa tomada de posição incide sobre determinados assuntos político-legislativos e administrativos;
- que podem ser internos ou externos, aí se incluindo os assuntos europeus e os assuntos internacionais;
- a decisão final pertence a um órgão de soberania e não ao órgão de governo regional.

A tomada de posição por parte da região autónoma não deve incidir, todavia, sobre o poder judicial – que está reservado aos tribunais que são órgãos de soberania da República que administram a justiça em nome do povo (artigo 202º, nº 1 da CRP). Negativamente, a participação da região está, portanto, à partida, excluída do âmbito do poder judicial.

1.2.2. Delimitação negativa do conceito de participação: exclusão de figuras próximas

Partindo do conceito de participação das regiões autónomas nos assuntos da República, acabado de enunciar, e com o intuito de o clarificar, importa dele excluir quatro figuras que, embora se possam considerar próximas, se afastam em aspetos essenciais.

Essas quatro figuras são:

a) a decisão;
b) a codecisão;
c) a iniciativa;
d) a legitimidade processual ativa.

A) *A decisão*

Participar num determinado procedimento **não significa ter a última palavra na solução final**, ou seja, decidir. Pelo contrário, a tomada de posição final pertence a outro ou outros órgãos que, no caso vertente, será um, ou mais, órgãos de soberania. Porém, na formação da sua vontade, o ou os órgãos decisores devem, ou podem – consoante se trate de participação obrigatória ou facultativa – contar com a colaboração, a cooperação, a opinião, o juízo do ou de alguns órgãos participantes – que, no caso em apreço, serão órgãos das regiões autónomas.

Estes últimos detêm, portanto, um poder de influência, mas não de determinação[11-12].

Assim decidiu o Tribunal Constitucional, no Acórdão n.º 264/86[13], de 23 de julho de 1986, quando afirmou:

[A audiência regional] *"não pode deixar de ser entendida como mera consulta exterior ao processo decisório e sem força vinculativa"* (...) *"os órgãos de soberania ouvem os órgãos regionais sobre as questões e não necessariamente sobre as soluções finais dessas questões"* (...) *"as posições afirmadas pelas regiões autónomas não têm necessariamente de transitar para as consequentes decisões dos órgãos de soberania".*

B) *A codecisão*

A **distinção entre a participação não vinculativa e a codecisão** assume, à partida, contornos bastante nítidos. A codecisão implica que a tomada de posição final pertença, em simultâneo, a um ou mais órgãos que podem situar-se em níveis diferentes, do ponto de vista da repartição vertical de poderes (nacional / regional; federal / federado), ou no mesmo nível, ou seja, o nível horizontal de poderes. Ora, a participação das regiões autónomas nos assuntos da República não pressupõe uma posição comum de órgãos que se situem em níveis diferentes.

Assim, na **codecisão**, os órgãos não só se influenciam mutuamente no procedimento de formação da vontade como a própria decisão final é igualmente conjunta, ou seja, a manifestação de vontade de um deles, em sentido contrário, ou não concordante, é suficiente para inviabilizar a tomada de decisão final.

---

[11] Como melhor veremos adiante, as regiões autónomas também detêm poderes de decisão, designadamente, legislativos. Estes poderes encontram-se, todavia, circunscritos ao âmbito regional e às matérias enunciadas na Constituição e no estatuto político--administrativo que não estejam reservadas aos órgãos de soberania. Se o estiverem, então as regiões só poderão legislar mediante autorização legislativa (artigo 227.º, n.º 1, alínea *b)*, CRP).

[12] Na eventualidade de a participação ser vinculativa para o órgão decisor, a decisão ficaria condicionada pela participação, o que tornaria muito mais difícil a distinção entre a participação e a decisão. Ora, esta situação nunca se verifica no caso das regiões autónomas. Em Portugal, a participação destas é sempre não vinculativa.

[13] *DR* I Série, n.º 275, de 28 de novembro de 1986, p. 11085 e ss.

Na **participação não vinculativa** esta possibilidade de impedir a tomada de decisão por parte do órgão, com competência para o efeito, não existe. Ainda que os órgãos participantes expressem a sua opinião num determinado sentido, os órgãos de decisão podem adotar um ato em sentido contrário.

Em síntese, a **participação não vinculativa não é codecisão** porque não implica uma posição final comum[14].

C) *A iniciativa*
Da participação não vinculativa há que distinguir a iniciativa das regiões autónomas perante os órgãos de soberania quer se trate da iniciativa legislativa junto da Assembleia da República quer se trate da iniciativa de referendo regional submetida ao Presidente da República.

i) A iniciativa legislativa
Começando pela **iniciativa legislativa**, ela pode ser de dois tipos: **reservada** ou **não**.

A **iniciativa legislativa** está **reservada** às regiões autónomas no que toca aos estatutos político-administrativos das regiões autónomas e relativamente à lei eleitoral dos Deputados às Assembleias Legislativas das regiões autónomas, cabendo, em exclusivo, às Assembleias Legislativas das regiões autónomas (artigo 226º, nº 1, e 227º, nº 1, alínea *e*), da CRP). A iniciativa das alterações dos estatutos e da lei eleitoral está igualmente reservada às Assembleias Legislativas das regiões autónomas (artigo 226º, nº 4, CRP).

Os estatutos político-administrativos das duas regiões autónomas contêm, igualmente, normas que incidem sobre o poder de iniciativa legislativa reservada (cfr. artigo 85º, nº 2, do Estatuto Político-Admi-

---

[14] Se a participação fosse vinculativa para o órgão decisor já a destrinça entre a participação e a codecisão se afiguraria mais complexa, na medida em que o participante poderia impedir a adoção da decisão com uma tomada de posição negativa, assim como, caso concordasse com o decisor, na prática, estaria a tomar parte na decisão propriamente dita. A Constituição Portuguesa nunca admite a codecisão entre os órgãos das regiões autónomas e os órgãos de soberania.

nistrativo da Região Autónoma da Madeira (EPARAM)[15] e artigos 36º, nº 1, alínea *a*), e 137º do Estatuto Político-Administrativo da Região Autónoma dos Açores (EPARAA)[16]).

Porém, a competência legislativa para a aprovação dos estatutos político-administrativos e da lei eleitoral dos Deputados às Assembleias Legislativas das regiões autónomas, bem como das suas alterações, está constitucionalmente reservada à Assembleia da República (artigo 161º, alínea *b*), e 164º, alínea *j*), da CRP), o que é plenamente compreensível no quadro do caráter unitário do Estado. Não detendo as regiões o poder de auto-organização, não lhes deve caber a aprovação dos estatutos político-administrativos nem das suas alterações. E o mesmo se deve dizer em relação à lei eleitoral dos Deputados às Assembleias Legislativas bem como em relação às suas alterações[17].

Os trâmites do procedimento da iniciativa legislativa das regiões autónomas constam dos artigos 164º e seguintes do Regimento da Assembleia da República[18].

Para uma melhor compreensão da diferença entre a participação da regiões autónomas nos assuntos da República de que trataremos nesta lição e a iniciativa legislativa reservada das regiões autónomas junto da Assembleia da República, importa colocar a questão de saber se a Assembleia da República pode introduzir alterações à proposta de lei originária apresentada pela Assembleia Legislativa das região autónoma, ou seja, se **os Deputados dispõem de iniciativa legislativa superveniente em matéria de estatuto e de lei eleitoral dos Deputados às Assembleias Legislativas**[19].

---

[15] Aprovado pela Lei nº 130/99, de 21 de agosto, *DR* 1ª Série, nº 195, de 21/8/1999.

[16] Aprovado pela Lei nº 2/2009, de 12 de janeiro, *DR* 1ª Série, nº 7, de 12 de janeiro de 2009.

[17] Este não é, contudo, o único modelo aceitável no quadro de um Estado unitário. Como melhor veremos adiante, por exemplo, em Espanha, os parlamentos das comunidades autónomas aprovam os Estatutos, os quais são remetidos às Cortes para nova aprovação.

[18] Regimento da AR nº 1/2007, de 20 de agosto, com as modificações introduzidas pelo Regimento da AR nº 1/2010, de 14 de outubro, disponível no sítio da AR www.parlamento.pt.

[19] O Regimento da Assembleia da República estabelece que a iniciativa legislativa abrange a apresentação à Assembleia da República de propostas de lei e de propostas de alteração, ou seja, compreende a iniciativa originária (abertura do processo legislativo) assim como

Ora, do ponto de vista da Constituição, nada obsta a que assim seja, desde logo, porque o nº 2 do artigo 226º estabelece que se a Assembleia da República rejeitar o projeto (leia-se: proposta) ou lhe introduzir alterações, remetê-lo-á à respetiva Assembleia Legislativa para emissão de parecer. Quer dizer, do artigo 226º, nº 2, decorre, claramente, que a Assembleia da Republica pode fazer uma de três coisas: aprovar, rejeitar ou introduzir alterações.

E se essas alterações forem substanciais? Isto é, se forem de tal modo amplas e profundas que desvirtuem totalmente a proposta inicial?

Pensamos que, mesmo assim, a Assembleia da República – órgão de soberania e com primado em matéria legislativa – não está impedida de legislar, desde que cumpra o artigo 226º, nº 2, da CRP, por força do princípio da unidade do Estado[20]. E nem se diga que o princípio autonómico conduziria à solução oposta, na medida em que é o próprio legislador constituinte que, tendo ponderado os dois princípios, resolveu dar preponderância ao princípio autonómico quando reservou a iniciativa à Assembleia Legislativa, e privilegiou o princípio da unidade do Estado quando atribuiu à Assembleia da República a competência para legislar.

Esta posição não é, contudo, unânime na doutrina. Autores há que, inspirados no direito comunitário, consideraram o modelo da Constituição da República Portuguesa como *"um modelo de um procedimento concertado"*[21] e, como tal, a reserva de iniciativa só poderia ter um conteúdo útil se estivesse assegurada a imodificabilidade da proposta inicial[22].

Apesar de não se poder afirmar que outros sustentem esta posição, há quem considere que a Assembleia da República está sujeita a alguns limites neste domínio[23].

---

a iniciativa superveniente (propostas de alteração que podem assumir a forma de propostas de emendas, de substituição, de aditamento e de eliminação (cfr. artigo 127º, nº 1).

[20] Neste sentido, JORGE MIRANDA, *Manual...*, tomo III, p. 313.

[21] FRANCISCO LUCAS PIRES / PAULO CASTRO RANGEL, "Autonomia e soberania...", p. 423.

[22] Neste sentido, FRANCISCO LUCAS PIRES / PAULO CASTRO RANGEL, "Autonomia e soberania...", p. 428.

[23] Cfr. J. J. GOMES CANOTILHO / VITAL MOREIRA, "Anotação ao artigo 226º", *in CRP...*, p. 648 e 649, para quem *"a solução mais consentânea com o regime partilhado de alteração dos estatutos é a de que a AR não pode fazer alterações em áreas não envolvidas nas propostas de alteração*

A Jurisprudência do Tribunal Constitucional não deixa dúvidas a este propósito, tendo, claramente, optado pela primeira tese. No Acórdão n.º 403/2009[24] foi declarada a inconstitucionalidade do artigo 140.º, n.º 2, do EPARAA, o qual estabelecia: *"Os poderes de revisão do Estatuto pela Assembleia da República estão limitados às normas estatutárias sobre as quais incida a iniciativa da Assembleia Legislativa e às matérias correlacionadas"*. O Tribunal fundamentou a sua decisão na usurpação de poderes ao legislador constituinte, tendo considerado violados os artigos 110.º, n.º 2, e 226.º, n.ºs 2 e 4, da CRP.

Uma última pergunta se impõe: se a Assembleia da República introduzir alterações, aditamentos e novas normas na proposta inicial que sejam de molde a desvirtuar completamente o seu espírito, os seus objetivos e a coerência do sistema, tem a Assembleia Legislativa algum ou alguns meios de reação ao seu dispor?

Em primeiro lugar, poderá elaborar um parecer negativo, ao abrigo do 226.º, n.º 2, da CRP, o que se afigura pouco eficaz, dado que, não sendo esse parecer vinculativo, a Assembleia da República pode decidir em sentido contrário.

Em segundo lugar, ainda que, não resulte do Regimento da AR, deve admitir-se a retirada da proposta de lei estatutária[25].

Por último, se o estatuto ou as suas alterações vierem a entrar em vigor, os órgãos regionais dispõem do recurso ao Tribunal Constitucional, nos termos do artigo 281.º, n.º 2, alínea *g)*, da CRP.

Do exposto resulta que **a iniciativa legislativa reservada tem como principal objetivo desencadear um procedimento legislativo**, o que não sucede com a participação não vinculativa das regiões autónomas nos assuntos da República, a qual se limita a pretender integrar os interesses regionais na decisão final do órgão de soberania. Além disso,

---

das assembleias legislativas". Em sentido próximo, RUI MEDEIROS refere, expressamente, *"não significa isto que a Assembleia da República possa desfigurar os projetos de revisão dos estatutos político-administrativos enviados pelos parlamentos regionais, introduzindo alterações substanciais nos projetos apresentados"*, in "Anotação ao artigo 226.º", *in* JORGE MIRANDA / RUI MEDEIROS, *Constituição...*, p. 290.

[24] Disponível em http://www.tribunalconstitucional.pt/tc/acordaos

[25] Neste sentido, RUI MEDEIROS, "Anotação ao artigo 226.º", *in* JORGE MIRANDA / RUI MEDEIROS, *Constituição...*, p. 291.

no caso da iniciativa legislativa reservada, **o exercício da competência da Assembleia da República depende da iniciativa da região autónoma**, o que nunca se verifica na participação não vinculativa.

Daqui não se deve, todavia, inferir que a iniciativa legislativa reservada da região autónoma não tenha igualmente como escopo afirmar os interesses regionais, mas a verdade é que não é esse o seu único – nem sequer o seu principal – objetivo.

Em suma, **a participação não vinculativa deve distinguir-se da iniciativa legislativa reservada**.

As regiões autónomas detêm ainda o poder de **iniciativa legislativa não reservada ou concorrente** junto da Assembleia da República em matérias *"respeitantes às regiões autónomas"* (artigo 227º, nº 1, alínea *f*), e 167º, nº 1, da CRP). Este poder pertence igualmente, em exclusivo, à Assembleia Legislativa (artigo 232º, nº 1, CRP)[26].

Os estatutos político-administrativos das duas regiões autónomas também contêm normas relativas ao poder de iniciativa legislativa não reservada ou concorrente (cfr. artigos 85º, nº 1, do EPARAM e 36º, nº 1, alínea *b*), do EPARAA).

Da leitura destes preceitos decorre, inevitavelmente, a questão de saber se o poder de iniciativa legislativa das regiões autónomas está subordinado ao limite do território, ou seja, se as regiões autónomas só podem apresentar propostas de lei (ou propostas de alteração) à Assembleia da República em relação a matérias que lhe digam respeito, isto é, de âmbito regional, ou se, pelo contrário, detêm um poder genérico que se estende a todo o territorial nacional.

A verdade é que, nem o artigo 167º, nº 1, da Constituição quando afirma *"competindo a iniciativa de lei, no respeitante às regiões autónomas, às respetivas Assembleias Legislativas"* nem o artigo 227º, nº 1, alínea *f*), da CRP dão uma resposta cabal a esta questão, o mesmo sucedendo com os estatutos das regiões autónomas.

Antes da revisão constitucional de 2004, tal como sucedia relativamente à audição, uma parte da doutrina identificava as matérias de

---

[26] Neste sentido, RUI MEDEIROS, "Anotação ao artigo 227º", *in* JORGE MIRANDA / RUI MEDEIROS, *Constituição...*, p. 313.

iniciativa legislativa regional com as *"matérias de interesse específico"* das regiões autónomas[27].

Porém, alguns Autores já então sustentavam que a iniciativa legislativa das regiões não estava limitada pelo *"interesse específico"* regional (ao contrário do que se verificava com o poder legislativo regional), pelo que a região era competente para exercer o poder de iniciativa, inclusive, em matéria de lei geral da República e de competência reservada da Assembleia da República[28]. Para estes Autores, excluídos da iniciativa legislativa das regiões apenas se encontravam os casos de organização e funcionamento do Governo e os de iniciativa reservada a outros órgãos, como, por exemplo, sucede com a revisão constitucional[29].

Após a revisão constitucional de 2004, não obstante as modificações introduzidas no domínio do direito constitucional regional, a doutrina maioritária continua a inclinar-se, com fundamento no artigo 167º, nº 1, CRP, no sentido de que as Assembleias Legislativas das regiões autónomas só podem apresentar propostas legislativas em relação a assuntos *"respeitantes às regiões autónomas"*, com exceção das áreas de iniciativa legislativa reservada a outros órgãos, como é o caso das leis do Plano, do Orçamento, de autorização legislativa e de autorização de empréstimos (que são reserva da iniciativa legislativa do Governo (artigo 161º, alínea *g*), CRP), da lei de revisão constitucional que é da reserva de iniciativa dos Deputados (artigo 288º CRP)[30].

JORGE MIRANDA afirma mesmo, de modo perentório, *"que se trata de uma reserva de competência de matérias essencialmente de âmbito regional, e não*

---

[27] Neste sentido, PEDRO MACHETE, "Elementos para o estudo das relações entre os actos legislativos do Estado e das Regiões Autónomas no quadro da Constituição vigente", *in* AAVV, *Estudos de Direito Regional...*, p. 100, 103.

[28] Neste sentido, RUI MEDEIROS / JORGE PEREIRA DA SILVA, *Estatuto Político-Administrativo dos Açores Anotado*, 1ª ed., Lisboa, Principia, 1997, p. 85 e 86; DUARTE REGO PINHEIRO, "Notas sobre o poder regional...", p. 807.

[29] Neste sentido, RUI MEDEIROS / JORGE PEREIRA DA SILVA, *Estatuto Político--Administrativo dos Açores....*, p. 85 e 86; DUARTE REGO PINHEIRO, "Notas sobre o poder regional...", p. 807.

[30] Neste sentido, J. J. GOMES CANOTILHO / VITAL MOREIRA, "Anotação ao artigo 167º", *in CRP...*, p. 166 e 167.

de matérias de âmbito nacional, salvo quando haja outro poder de participação das regiões [como no art. 227º, nº 1, alíneas r) e s)]"[31].

Aliás, esta posição está em consonância com a defendida a propósito da audição das regiões autónomas nos assuntos da República, que estudaremos mais adiante[32]. Com efeito, a teleologia constitucional da iniciativa legislativa e da audição das regiões autónomas é, neste aspeto, idêntica – concretizar os princípios fundamentais da Constituição relativos à forma de Estado, ou seja, o princípio do Estado unitário e o princípio autonómico (artigo 6º da CRP).

Não se afigura, portanto, admissível que as regiões autónomas possam exercer a iniciativa legislativa em matérias que extravasam do seu âmbito territorial, isto é, regional, uma vez que a sua atribuição de poderes está funcionalizada à natureza territorial (cfr. artigo 227º, nº 1, CRP).

Assim, a primeira consequência a retirar da expressão *"respeitantes às regiões autónomas"* deverá ser a de que a iniciativa legislativa das Assembleias Regionais não é genérica no sentido de abranger todas as matérias. Ou seja, não abrange matérias de âmbito nacional, antes se restringe às matérias de âmbito regional[33]. As regiões autónomas não têm, portanto, direito de iniciativa legislativa, nos casos em que sejam interessadas apenas na medida em que o é também o restante território nacional. No fundo, a formulação do parecer nº 20/77 da Comissão Constitucional, completada pelo parecer nº 2/82 (adiante analisados de modo mais pormenorizado[34]), deve aplicar-se também em sede de iniciativa legislativa das regiões autónomas, não porque se trate de uma aplicação do critério do interesse específico, mas porque está em consonância com o caráter territorial das regiões autónomas.

Tal como já referimos em relação à iniciativa legislativa reservada, **a participação não vinculativa das regiões autónomas nos assuntos da República também se distingue da iniciativa legislativa não**

---

[31] JORGE MIRANDA, *Manual...*, tomo III, p. 318. No mesmo sentido, J. J. GOMES CANOTILHO / VITAL MOREIRA, "Anotação ao artigo 229º", *in CRP...*, p. 690.

[32] Cfr. *infra* nº 3.3.; 3.3.1.; 3.3.2. e 3.3.4.

[33] JORGE MIRANDA, *Manual...*, tomo III, p. 318.

[34] Cfr. *infra* nº 3.3.4., B), *ii)*

reservada ou concorrente da Assembleia Legislativa das regiões autónomas perante a Assembleia da República, na medida em que o seu principal objetivo não é o de desencadear um procedimento legislativo por parte da Assembleia da República.

ii) A iniciativa de referendo regional

Nos termos do artigo 232º, nº 2, CRP, a competência para a apresentação de propostas de referendo regional é da Assembleia Legislativa da região autónoma. Estas propostas são apresentadas ao Presidente da República, titular exclusivo do poder de decisão sobre esta matéria.

Note-se ainda que o objeto do referendo regional está circunscrito às *"questões de relevante interesse específico regional"*, ou seja, a CRP não se basta com o interesse específico regional das questões a submeter a referendo, adita ainda a relevância desse interesse. Tendo o referendo regional sido introduzido na revisão constitucional de 1997, compreende-se a exigência acrescida da relevância do interesse regional. Já, em face das opções tomadas na revisão constitucional de 2004, se afiguram menos evidentes as razões que conduziram à sua não alteração.

Em nosso entender, a explicação mais plausível prende-se com o paralelismo que a Constituição estabelece entre o referendo nacional e o referendo regional. Com efeito, o artigo 115º, nº 3, da CRP impõe que o objeto daquele incida sobre questões de relevante interesse nacional.

Em suma, a Assembleia Legislativa das regiões autónomas pode apresentar propostas de referendo regional, com vista a que os cidadãos eleitores recenseados no território de uma das regiões autónomas possam, por decisão do Presidente da República, pronunciar-se, diretamente e a título vinculativo, sobre questões de relevante interesse específico regional (artigo 232º, nº 2, CRP).

O paralelismo entre o escopo da iniciativa de referendo regional e o da iniciativa legislativa é evidente. Em ambos os casos se visa despoletar um determinado procedimento – num caso, o procedimento referendário, no outro, o procedimento legislativo. A iniciativa de referendo regional pretende ainda dar voz às populações recenseadas no território de uma das regiões autónomas relativamente a questões de relevante interesse regional. Ou seja, é este o seu principal objetivo e, por isso, se distingue da participação não vinculativa, a qual pretende, essencialmente, integrar os interesses regionais na decisão do órgão de soberania.

D) *A legitimidade processual ativa*
Por último, **da participação não vinculativa deve destrinçar-se a legitimidade processual ativa das regiões autónomas**, através dos seus órgãos, junto do Tribunal Constitucional.

Encontrando-se o princípio autonómico consagrado na CRP, e sendo as regiões autónomas as entidades que maior interesse podem ter na sua defesa, faz todo o sentido que a Constituição lhes conceda meios para o fazerem cumprir. É por esta razão que as regiões autónomas detêm legitimidade processual ativa, através dos seus órgãos, junto do Tribunal Constitucional, em sede de fiscalização abstrata da constitucionalidade e da legalidade (artigo 281º, nº 2, alínea *g*), da CRP). Os titulares do poder de iniciativa processual são os Representantes da República, as Assembleias Legislativas das regiões autónomas, os presidentes das Assembleias Legislativas das regiões autónomas, os presidentes dos Governos Regionais ou um décimo dos deputados à respetiva Assembleia Legislativa.

A participação das regiões autónomas no processo constitucional está, contudo, condicionada ao fundamento de violação dos direitos das regiões autónomas, no caso de se tratar de um pedido de declaração de inconstitucionalidade ou à violação do respetivo estatuto quando estiver em causa um pedido de ilegalidade. No fundo, a legitimidade processual ativa das regiões autónomas no processo constitucional está limitada em função da defesa ou da garantia da autonomia regional[35].

Quer a Comissão Constitucional quer, posteriormente, o Tribunal Constitucional tiveram várias oportunidades para se pronunciarem sobre a **delimitação do âmbito da legitimidade processual ativa dos órgãos das regiões autónomas em sede de fiscalização sucessiva abstrata da constitucionalidade e da ilegalidade**, tendo concluído

---

[35] PAULO OTERO, *Direito Constitucional...*, vol. II, p. 602.

pela rejeição de diversos pedidos de fiscalização por não estar em causa a defesa da autonomia regional[36].

A **Comissão Constitucional** começou por afirmar, no Parecer nº 25/80, que o poder das assembleias legislativas das regiões autónomas *"é um poder circunscrito na natureza e no objeto: poder instrumental, de garantia dos poderes substantivos em que se traduz o regime político-administrativo dos Açores e da Madeira, destina-se à defesa das correspondentes normas constitucionais e só pode incidir, portanto, sobre normas legislativas ou outras que com elas, porventura, colidam"[37].*

O **Tribunal Constitucional**, reiterou, desde cedo, este entendimento[38], e, por conseguinte, considerou que o poder de requerer a fiscalização abstrata da constitucionalidade de normas conferido à Assembleia Legislativa pressupõe que esteja em causa uma eventual violação de direitos das regiões em face do Estado, na medida em que esses direitos tenham consagração constitucional, isto é, conformem constitucionalmente de modo direto a autonomia político-administrativa das regiões[39]. Ou seja, a legitimidade para requerer tal fiscalização da constitucionalidade pressupõe que o pedido tenha por fundamento a violação de *"normas constitucionais que definam poderes jurídicos conferidos às regiões autónomas enquanto pessoas coletivas territoriais, em concretização do princípio da autonomia político-administrativa regional"[40].*

A doutrina tem sustentado idêntica posição.

---

[36] Cfr., entre outros, Acórdãos nºs 198/2000, de 29/3/2000; 615/03, de 16/12/2003; 75/2004, de 3/2/2004; 239/2005, de 4/5/2005; 634/06, de 21/11/2006; 136/2011, de 10/3/2011, disponíveis em http://www.tribunalconstitucional.pt/tc/acordaos.

[37] *Pareceres da Comissão Constitucional*, 13º vol., p. 143.

[38] Cfr., por exemplo, Acórdão nº 403/89, de 23 de maio de 1989, in Diário da República, I Série, nº 171, de 27 de julho de 1989, p. 2943 e ss (relativo à lei nº 13/85 – Lei do património cultural português – declarou a inconstitucionalidade por falta de audição da Assembleia Legislativa da Região dos Açores).

[39] Cf., neste sentido, os Acórdãos nºs 198/2000, 615/2003, 75/2004 (*Acórdãos do Tribunal Constitucional*, 46º vol., p. 85, 57º vol., p. 161, e 58º vol., p. 149, respetivamente) e nº 239/2005 (*Diário da República*, II Série, de 17 de junho de 2005).

[40] Cf., entre outros, Acórdão nº 615/2003, disponível em http://www.tribunalconstitucional.pt/tc/acordaos.

Assim, GOMES CANOTILHO e VITAL MOREIRA consideram que *"por «direitos das regiões» se deve entender os direitos constitucionalmente reconhecidos às regiões face à República"*[41]. No mesmo sentido, RUI MEDEIROS assevera que *"não basta invocar simplesmente a inconstitucionalidade de uma norma jurídica, uma vez que o poder de impugnação está constitucionalmente circunscrito e pressupõe uma legitimidade qualificada pela violação de direitos da região. [...] Tais direitos são aqueles que, no próprio texto constitucional, configuram e concretizam o princípio da autonomia regional"*[42].

Recentemente, o Tribunal não admitiu o pedido de fiscalização da constitucionalidade de um preceito do orçamento da Região Autónoma da Madeira para 2011, aprovado Decreto Legislativo Regional 2/2011/M, de 10 de janeiro, por considerar que os requerentes (um grupo de sete Deputados à Assembleia Legislativa da Madeira) não tinham legitimidade para o efeito porque não estavam em causa os direitos das regiões em face do Estado nacional[43].

Em sede de fiscalização de ilegalidade, o Tribunal tem-se pronunciado igualmente pela ilegitimidade do requerente quando o pedido não tem por fundamento a violação dos estatutos, mas antes a violação de outros diplomas legais, ainda que estes se traduzam em leis de valor reforçado, como era o caso da Lei de Enquadramento do Orçamento[44] ou da Lei das Finanças Locais[45], ambas invocadas pelo Presidente da Assembleia Legislativa da Região Autónoma da Madeira.

Os presidentes da Assembleias Legislativas das regiões autónomas detêm ainda legitimidade processual junto do Tribunal Constitucional quanto ao requerimento de inconstitucionalidade por omissão, desde que se funde em violação de direitos das regiões autónomas.

---

[41] J. J. GOMES CANOTILHO / VITAL MOREIRA, "Anotação ao artigo 281º", *in CRP...*, p. 967.

[42] RUI MEDEIROS, "Anotação ao artigo 281º", *in* JORGE MIRANDA / RUI MEDEIROS, *Constituição...*, Tomo III, p. 807.

[43] Acórdão nº 136/2011, de 10 de março de 2011, disponível em http://www.tribunalconstitucional.pt/tc/acordaos.

[44] Cfr. acórdãos nºs 581/07, de 21/11/07 e 346/08, de 25/6/08, disponíveis em http://www.tribunalconstitucional.pt/tc/acordaos.

[45] Cfr. acórdão nº 499/2008, de 14/10/2008, disponível em http://www.tribunalconstitucional.pt/tc/acordaos.

Em síntese, o exposto confirma que o objetivo da participação das regiões autónomas na fiscalização da constitucionalidade e da legalidade é a defesa ou a garantia do princípio autonómico. Ora, a participação não vinculativa não tem, primordialmente, em vista a defesa ou a garantia da autonomia regional, mas antes a integração dos interesses regionais na decisão final do órgão de soberania.

2. A evolução da participação das regiões autónomas no direito constitucional português

Antes de avançar para o estudo da participação não vinculativa das regiões autónomas nos assuntos da República, propriamente dito, cumpre averiguar se, por um lado, a afirmação doutrinária – aliás, muito comum – de que a criação das regiões autónomas dos Açores e da Madeira bem como a sua participação nos assuntos da República constituem uma inovação da Constituição de 1976, decorrente da qualificação do Estado como um Estado de Direito democrático[46], corresponde, inteiramente, à realidade e, por outro lado, se ocorreu ampliação ou diminuição dessa participação no âmbito da Constituição atualmente em vigor.

Passemos então à investigação da génese e do posterior desenvolvimento do direito constitucional português no domínio da participação das regiões autónomas nos assuntos da República.

2.1. Antes da Constituição de 1976

Antes de mais, deve notar-se que das Constituições anteriores à de 1976 não constava qualquer princípio de distribuição vertical do poder político por diferentes centros de decisão, agrupados em função dos seus interesses específicos[47].

É certo que, na vigência da **Constituição de 1933** (depois da revisão de 1971) se vislumbram alguns traços que poderiam conduzir o observador menos atento a considerá-los como antecedentes de algumas soluções preconizadas na Constituição de 1976, não fora o facto de as

---

[46] Neste sentido, MARIA LÚCIA AMARAL, *A Forma da República, Uma Introdução ao Estudo do Direito Constitucional*, Coimbra, Coimbra Editora, 2005, p. 361.
[47] Neste sentido, MARIA LÚCIA AMARAL, *A Forma da República...*, p. 360.

"regiões autónomas" dessa época terem de ser equacionadas no contexto do colonialismo e do regime não democrático[48].

Com efeito, a **Constituição de 1933, depois da revisão de 1971** criou a figura das "regiões autónomas" que se aplicava às antigas "províncias ultramarinas". Assim, o artigo 5º da Constituição de 1933, depois da revisão de 1971, estabelecia que *"o Estado Português é unitário, podendo compreender regiões autónomas com organização político-administrativa adequada à sua situação geográfica e às condições do respetivo meio social"*. O artigo 133º admitia que as províncias ultramarinas viessem a ter estatutos próprios como regiões autónomas. O artigo 135º consagrava os direitos inerentes à autonomia das províncias ultramarinas, dos quais se devem destacar o direito de possuir órgãos eletivos de governo próprio, o direito de legislar, o direito de execução das leis e de assegurar a administração interna, o direito de dispor das suas receitas e de as afetar às despesas públicas, o direito de possuir o seu património e de celebrar atos e contratos em que tenham interesse, o direito de possuir regime económico adequado às necessidades do seu desenvolvimento e do bem-estar da sua população. O artigo 136º afirmava que *"o exercício da autonomia das províncias ultramarinas não afetará a unidade da Nação, a solidariedade entre todas as parcelas do território português, nem a integridade da soberania do Estado"*.

A **Lei nº 5/72 de 23 de julho de 1972**[49] – **Lei Orgânica do Ultramar** – desenvolvia estas normas constitucionais nas suas Bases III, IV e na Base XXXVI, § 9º, consagrava a competência da Assembleia Legislativa para se *"pronunciar, em geral, sobre todos os assuntos de interesse para a província, por iniciativa própria ou a solicitação do Governo da Nação ou da província"*.

Os Açores e a Madeira detinham igualmente um estatuto especial. Os "distritos autónomos" das "ilhas adjacentes" gozavam de autonomia especial, que não passava de autonomia administrativa, nunca tendo assumido sequer a forma de uma figura constitucional própria[50].

---

[48] J. J. GOMES CANOTILHO / VITAL MOREIRA, "Anotação ao artigo 225º", *in Constituição da República*, cit, p. 643.

[49] Publicada no *Diário do Governo*, I série nº 145, de 23 de julho de 1972.

[50] Cfr. artigo 124º, § 2º, da Constituição de 1933 (artigo 125º, § 2º, após a revisão de 1971), o qual estabelecia que a divisão do território e organização administrativa das

Se o sentido literal das normas da Constituição de 33, após a revisão de 71, nalguns casos, é próximo do das disposições da Constituição de 1976, a verdade é que o seu *telos* e o contexto de colonialismo e de regime não democrático em que foram aplicadas, e, sobretudo, os poderes de controlo e de supervisão conferidos aos órgãos de soberania e aos seus representantes nas províncias leva, necessariamente, a afastar qualquer semelhança com a autonomia político-administrativa consagrada na CRP de 76.

Por isso, estamos com JORGE MIRANDA quando afirma: *"é uma constante do Direito Constitucional português a unidade do poder político, com mais ou menos descentralização e desconcentração"*[51], tendo vindo a Constituição de 1976 a introduzir uma fortíssima alteração qualitativa, não apenas na situação dos arquipélagos, mas também na estrutura do próprio Estado.

2.2. A Constituição de 1976

Em matéria de participação das regiões autónomas nos assuntos do Estado, a Constituição de 1976 sofre, desde logo, a **influência externa** da Constituição italiana de 1948, mas também a da Constituição espanhola de 1931 que consagrava comunidades autónomas.

Internamente, dos **trabalhos preparatórios da Assembleia Constituinte** resulta que a problemática das regiões autónomas foi encarada de modo diverso pelos diferentes partidos nela representados. Enquanto o CDS[52] e a UDP[53] não incluíram, nos seus projetos, qualquer referência à existência de regiões autónomas, o projeto do MDP/CDE[54], embora consagrasse a existência de "conselhos regionais", não distinguia entre a regionalização meramente administrativa e a regionalização político-administrativa insular (artigos 105º e 106º).

Ilhas Adjacentes são reguladas por lei especial". Para maiores desenvolvimentos sobre o regime jurídico específico da autonomia administrativa dos Açores e da Madeira, ver JORGE PEREIRA DA SILVA, "Região Autónoma", *in Estudos de Direito Regional*, cit., p. 914.

[51] JORGE MIRANDA, *Manual...*, tomo III, p. 301 e 302.

[52] Cfr. *Diário da Assembleia Constituinte*, nº 16 (suplemento), de 24/07/1975, p. 1 a 21, disponível no sítio do Parlamento em *http://debates.parlamento.pt/page.aspx?cid=r3.dac*.

[53] Cfr. *Idem*, p. 89 e segs.

[54] Cfr. *Idem*, p. 22 a 34.

O mesmo sucedendo com o projeto do PCP[55] que, no artigo 97º, nº 3, se limitava a afirmar que *"a administração regional dos Açores e da Madeira terá estatuto próprio que, tendo em conta os problemas específicos criados pela distância geográfica e pelas condições económicas, sociais e políticas deverá contribuir para reforçar a identidade económica de cada arquipélago no quadro da unidade e planificação nacionais."*. O projeto do PS[56] previa que seriam *"conferidas formas especiais de autonomia aos arquipélagos da Madeira e dos Açores, através de estatutos próprios a elaborar pela Assembleia Legislativa Popular"*, sem especificar em que consistiam.

A principal fonte inspiradora das soluções constitucionais relativas aos poderes de participação das regiões autónomas, que acabaram por ficar consagradas na versão originária da Constituição de 1976, foi o projeto do então PPD[57], o qual previa expressamente *"o direito de serem consultadas pelos órgãos de soberania relativamente às questões da competência destes respeitantes às regiões"*. O texto apresentado à mesa da 8ª Comissão, em março de 1976, apresentava um maior grau de desenvolvimento, incluindo alguns dos poderes de participação que acabaram por ser vertidos na versão originária da CRP[58]. Em resposta, o PCP apresentou à referida Comissão um projeto alternativo[59].

---

[55] Cfr. *Idem*, p. 35 a 54.

[56] Cfr. *Idem*, p. 55 a 69.

[57] Cfr. *Idem*, p. 70 a 88.

[58] O texto apresentado pelo PPD era, no domínio em apreço, do seguinte teor:
"ARTIGO 3º
As regiões autónomas, dotadas de personalidade jurídica, têm os seguintes poderes, a definir nos respetivos estatutos:
(...)
c) Iniciativa legislativa, mediante a apresentação à Assembleia da República de propostas de lei;
(...)
j) Participar na definição e execução das políticas fiscal, monetária, financeira e cambial, de modo a assegurar o controle regional dos meios de pagamento em circulação e o financiamento dos investimentos necessários ao seu desenvolvimento económico-social;
l) Participar nas negociações de tratados e outros acordos internacionais que directamente lhes digam respeito.
ARTIGO 4º
Os órgãos de Soberania ouvirão sempre, relativamente às questões da sua competência respeitantes às regiões autónomas, os órgãos de governo regional.

A **Constituição, na versão de 76**, consagrou, desde logo, os seguintes poderes de participação das regiões autónomas:

a) na elaboração do Plano (antigo artigo 229º, nº 1, alínea *i*));
b) na definição e na execução das políticas fiscal, monetária, financeira e cambial (atual alínea *r*) do 227º, nº 1);

(...)

ARTIGO 6 º

1 – Os órgãos das regiões autónomas podem ser dissolvidos ou suspensos pelo Presidente da República, por prática de actos contrários à Constituição, ouvidos o Conselho da Revolução e a Assembleia da República.

(...)

ARTIGO 10º

1 – Os estatutos político-administrativos das regiões autónomas serão elaboradas pelas assembleias regionais, e promulgados pelo Presidente da República, após sanção da Assembleia da República.

2 – No caso de a Assembleia da República recusar a aprovação do estatuto e o respectivo projecto será enviada, com as razões da não aprovação, ao tribunal de conflitos, que emitirá parecer. A assembleia regional incorporará as conclusões do parecer no projecto de estatuto e remetê-lo-á de nova à Assembleia da República para aprovação, que só poderá ser recusada por voto de dois terços dos Deputados efectivos.

(*in Diário da Assembleia Constituinte*, nº 121, de 18/03/1976, pp. 4023-4024, *in http://debates. parlamento.pt/page.aspx?cid=r3.dac*).

[59] O texto do PCP tinha, para o que ora nos interessa, o seguinte teor:

"ARTIGO 3 º

(Atribuições das regiões)

1 – As regiões terão as seguintes atribuições, nos termos do respetivo estatuto regional:

(...)

c) Apresentar projectos de lei aos órgãos de Soberania competentes;

(...)

h) Propor à Assembleia da República alterações ao respectivo estatuto regional;

i) Participar na elaboração do plano económico nacional no respeitante às regiões.

2 – As regiões terão direito a ser ouvidas pelos órgãos de Soberania em tudo o que lhes disser respeito.

(...)

ARTIGO 7º

(Estatutos regionais)

As leis sobre os estatutos regionais serão da competência da Assembleia da República.

(*in Diário da Assembleia Constituinte*, nº 121, de 18/03/1976, pp. 4025 e segs, *in http://debates. parlamento.pt/page.aspx?cid=r3.dac*).

c) nas negociações de tratados e acordos internacionais (atual alínea *t)* do 227º, nº 1);

d) a audição obrigatória, tal como hoje consta do artigo 229º, nº 2;

e) a apreciação e a emissão de parecer em relação ao estatuto político-administrativo se a Assembleia da República rejeitar o projeto ou lhe introduzir alterações (atual artigo 226º, nº 2)[60].

2.3. As revisões constitucionais

As revisões constitucionais aditaram novos poderes de participação das regiões nos assuntos da República, com especial destaque para a primeira, a quarta e a sexta. Já das outras revisões constitucionais não resultaram alterações significativas, embora, nalguns casos, se tenham discutido – ou retomado – determinados assuntos relacionados com o tema.

Assim, a **primeira revisão constitucional** que ocorreu, em 1982, introduziu algumas alterações relevantes no domínio da participação das regiões autónomas nos assuntos da República. Deve, todavia, sublinhar-se que o assunto que mais mobilizou a discussão, em sede de Comissão Eventual para a Revisão Constitucional, no que diz respeito ao direito constitucional regional foi, inicialmente, o de saber **se as regiões deveriam, ou não, ser ouvidas em matéria de revisão constitucional**[61]. Aliás, deve reconhecer-se, em abono da verdade, que esta questão quase obnubilou, nesta matéria, a verdadeira razão de ser da revisão, ou seja, a introdução de modificações substanciais na Constituição.

Na sequência da aprovação de uma moção por parte da Assembleia Regional dos Açores, a qual exigia ser ouvida sobre projetos de revisão constitucional, ao abrigo do artigo 231º, nº 2, da CRP (atual artigo 229º,

---

[60] Note-se ainda a título de curiosidade que, da versão originária da Constituição de 1976, também constava o poder de iniciativa legislativa das regiões autónomas, tanto reservada, no que diz respeito aos estatutos político-administrativos das regiões autónomas (artigo 228º, nº 1) como não reservada ou concorrente, ou seja, as regiões autónomas detiveram, desde logo, iniciativa legislativa, mediante a apresentação de propostas de lei à AR (artigo 229º, nº 1, alínea c)).

[61] *Diário da Assembleia da República*, II Série – Suplemento ao nº 6, 28 de outubro de 1981.

nº 2), a referida Comissão debateu, em primeiro lugar, se os projetos de revisão deveriam ser remetidos às regiões autónomas na íntegra, ou apenas na parte respeitante às regiões autónomas, e, em segundo lugar, se a audição era, ou não, obrigatória, isto é, se o então artigo 231º, nº 2, da CRP (atual artigo 229º, nº 2) se aplicava, ou não, aos projetos de revisão constitucional[62].

As posições dos Deputados extremaram-se em torno de argumentos de natureza política e jurídico-constitucional. De um lado, defendeu-se que a Assembleia da República, enquanto único órgão competente para fazer a revisão constitucional, não está sujeita à obrigação de ouvir as regiões autónomas, porque o Estado é unitário e porque o poder de revisão é uma prerrogativa da soberania, na qual as regiões não participam (cfr. intervenções do Deputado Jorge Miranda, apoiado, entre outros, por José Luís Nunes e Fernando Condesso[63]). Do outro lado, sustentou-se que, não distinguindo o artigo 231º, nº 2, da CRP a revisão constitucional dos atos legislativos, a obrigação de audição das regiões autónomas se deveria igualmente aplicar em relação à primeira e que essa audição não limitava a Assembleia da República nem a soberania do Estado, na medida em que não seria vinculativa (cfr. intervenções dos Deputados Jaime Gama e Correia de Jesus[64]).

A Comissão Eventual para a Revisão Constitucional acabou por decidir que a CRP não consagrava qualquer dever de consultar as regiões autónomas em relação aos projetos de revisão constitucional, mas que nada impedia que os pareceres das regiões fossem tidos em conta. Como veremos, a questão foi retomada na subsequente revisão constitucional (1989), embora com menos intensidade.

No que se refere ao objeto da presente lição, a **primeira revisão constitucional estendeu a participação das regiões**:

---

[62] Cfr. Ata da reunião da Comissão Eventual para a Revisão Constitucional, de 15 de setembro de 1981.

[63] *Diário da Assembleia da República*, II Série-Suplemento ao número 6, de 28 de outubro de 1981.

[64] *Diário da Assembleia da República*, II Série-Suplemento ao número 6, de 28 de outubro de 1981.

a) à elaboração dos planos nacionais (atual alínea *p)*, 2ª parte, do nº 1 do artigo 227º);

b) à definição das políticas respeitantes às águas territoriais, zona económica exclusiva e fundos marinhos contíguos (atual alínea *s)* do nº 1 do artigo 227º);

c) à pronúncia, por sua iniciativa ou sob consulta dos órgãos de soberania, sobre as questões da competência destes que lhes digam respeito (atual alínea *v)* do nº 1 do artigo 227º);

d) à aplicação do regime previsto para a elaboração dos estatutos às alterações do mesmo[65].

Durante os trabalhos preparatórios da **segunda revisão constitucional**, a qual teve lugar em 1989, reabriu-se a discussão relativa ao dever de ouvir as regiões autónomas quanto aos projetos de revisão, como já se disse, mas o artigo 231º, nº 2, CRP, não sofreu quaisquer alterações.

A **terceira revisão constitucional,** realizada em 1992, não trouxe qualquer modificação aos poderes de participação das regiões autónomas nos assuntos da República.

Já a **quarta revisão constitucional,** ocorrida em 1997, modificou significativamente o direito constitucional regional, incluindo o domínio da participação das regiões autónomas, designadamente, no que se relaciona com o processo de construção europeia[66].

Com efeito, desta revisão resultou a introdução de um aditamento à alínea *v)* do artigo 227º, nº 1, da CRP que consagra o poder de participação das regiões autónomas, em matérias do seu interesse específico, na definição das posições do Estado Português no domínio do processo de construção europeia. Além disso, acrescentou-se a alínea *x)* ao mesmo preceito, a qual confere poderes de participação às regiões autónomas no processo de construção europeia, mediante representação nas respetivas instituições comunitárias e nas delegações envolvidas em

---

[65] Apesar de ter havido uma proposta de alteração do artigo 231º, nº 2, por parte da AD, esta não foi aceite, pelo que o preceito se manteve intocado.

[66] Cfr. discussão sobre este assunto na Assembleia da República *in Diário da Assembleia da República*, VII legislatura, II Sessão, nº 56, de 22/11/1996, p. 1718 a 1723.

processos de decisão comunitária, quando estejam em causa matérias do seu interesse específico.

A **quinta revisão constitucional** de 2001, não trouxe quaisquer modificações no que diz respeito à participação das regiões autónomas nos assuntos da República.

A **sexta revisão constitucional** (2004) aditou a apreciação e a emissão de parecer em relação à lei eleitoral dos Deputados às Assembleias legislativas, bem como relativamente às suas alterações, se a Assembleia da República rejeitar o projeto ou lhe introduzir alterações (artigo 226º, nº 1 e 4)[67].

A supressão do limite positivo do interesse regional e do limite negativo das leis gerais da República em sede de poderes legislativos das regiões autónomas vai também ter repercussões nos seus poderes de participação. Com efeito, os poderes de participação só fazem sentido quando não se tem poder de decisão, sejam eles de caráter legislativo ou não, deixando de ser necessários à medida que se adquirem novos poderes decisórios.

A **sétima revisão constitucional**, efetuada em 2005, não introduziu quaisquer alterações no domínio de que se ocupa esta lição.

O **procedimento de uma nova revisão constitucional** – que teria sido a oitava se tivesse sido concluída – foi desencadeado pela apresentação por parte do PSD do projeto de revisão nº 1/XI, em 2010, o que determinou a abertura do processo de revisão constitucional, nos termos dos artigos 284º e 285º da CRP. Porém, por força da dissolução da Assembleia da República, entretanto, ocorrida, aquele procedimento caducou[68].

---

[67] Cfr. a discussão sobre esta questão no âmbito do Parlamento, in *Diário da Assembleia da República*, IX legislatura, II Sessão, nº 1, de 06/01/2004, p. 4; *Diário da Assembleia da República*, IX legislatura, II Sessão, nº 2, de 14/01/2004, p. 29 a 37 e *Diário da Assembleia da República*, IX legislatura, II Sessão, nº 4, de 28/01/2004, p. 112.

[68] As principais alterações propostas pelos grupos parlamentares dos partidos mais representados na Assembleia da República relativas à participação das regiões nos assuntos da República foram as seguintes:

a) Projeto de revisão nº 1/XI do PSD:

– No que diz respeito aos estatutos e às leis eleitorais dos Deputados das Assembleias Legislativas das regiões autónomas, a Assembleia da República só poderia alterar normas

2.4. Síntese: ampliação ou diminuição dos poderes de participação das regiões autónomas nos assuntos da República?

Chegados a este ponto, cumpre averiguar se as sucessivas revisões constitucionais contribuíram para a ampliação ou para a diminuição dos poderes de participação das regiões autónomas.

Numa primeira análise, e se atentarmos apenas na letra da versão originária e na da versão atualmente em vigor, não há dúvida que, **do ponto de vista quantitativo, os poderes de participação das regiões autónomas têm vindo a aumentar**. Porém, esta primeira impressão não dispensa uma leitura sistémica da evolução do direito constitucional regional e, consequentemente, dos poderes das regiões autónomas.

sobre as quais incidisse a iniciativa da Assembleia Legislativa ou que com elas estivessem estritamente relacionadas (artigo 226º, nº 4);
– Supressão da referência ao interesse específico da região autónoma na alínea v) do artigo 227º (que passaria a s)).
b) Projeto de revisão constitucional nº 9/XI/2ª do PS:
– participação as regiões autónomas na definição de políticas de manutenção da ordem pública e de segurança (alínea v) do artigo 227º);
– audição qualificada das regiões, nos termos estabelecidos nos respetivos estatutos, quando estão em causa iniciativas legislativas suscetíveis de serem desconformes com os estatutos político-administrativos ou possam afetar direitos, atribuições ou competências das regiões bem como quando respeitem à transferência de atribuições ou competências da administração do Estado para as autarquias locais situadas nas regiões autónomas (artigo 229º, nº 3);
– audição do presidente da Assembleia Legislativa pelo Presidente da República em caso de dissolução daquela (artigo 234º, nº 1).
O projeto de revisão constitucional nº 5/XI do CDS limitava-se a introduzir uma alteração no artigo 226º, nº 1, respeitante à iniciativa legislativa estatutária e da lei eleitoral dos Deputados às Assembleias Legislativas das regiões autónomas, exigindo a aprovação dos projetos por uma maioria de dois terços dos Deputados presentes desde que superior à maioria dos Deputados em efetividade de funções por parte da Assembleia Legislativa. No que diz respeito aos projetos dos outros partidos representados na AR (PCP, PEV e BE – projetos de revisão constitucional 2/XI/2ª, 3/XI/2ª e 4/XI/2ª, respetivamente) não há nada a assinalar em matéria de participação das regiões autónomas nos assuntos da República.
As propostas mais arrojadas, e que, por conseguinte, implicariam uma modificação qualitativa profunda no direito constitucional regional, constavam de projetos de Deputados isolados ou de conjuntos de Deputados.

A verdade é que a autonomia político-administrativa pressupõe efetivos poderes de decisão dos órgãos de governo regionais relativamente a todas as funções do Estado, com exceção da função jurisdicional. A participação das regiões autónomas nos assuntos da República surge, entre outras razões, como uma forma de as compensar da ausência de poderes em determinadas áreas reservadas aos órgãos de soberania (quando, tendo em conta, o modo como são por elas afetadas, deveriam tê-los). Assim sendo, **à medida que os poderes de decisão das regiões autónomas se alargam, os poderes de participação tendem a comprimir-se**. Ou seja, o poder mais forte (o de decisão) como que suprime o mais fraco (o de participação).

Vejamos um **exemplo** bem ilustrativo: a introdução do poder de as regiões legislarem em matéria de reserva relativa da Assembleia da República, com as exceções constantes do artigo 227º, nº 1, alínea *b)*, CRP, introduzida na revisão de 2004, aumentou indubitavelmente os poderes legislativos das Assembleias Legislativas das regiões autónomas, mas, ao mesmo tempo, o poder de participação deixa de ser relevante. Embora constitucionalmente continue a existir, ele só vai ativar-se nos casos em que as regiões não tenham exercido a sua competência legislativa.

No fundo, a **ampliação dos poderes de decisão implica uma diminuição dos poderes de participação**, o que não significa, de modo algum, que, no seu conjunto, se verifique uma redução qualitativa e quantitativa dos mesmos. Com efeito, em qualquer sistema de partilha de poderes de decisão entre várias entidades, como é o caso do nosso, a **análise parcelar dos poderes é sempre incompleta e suscetível de conduzir a resultados erróneos**.

3. O âmbito da participação das regiões autónomas nos assuntos da República
3.1. As fontes da participação das regiões autónomas nos assuntos da República

A **Constituição** estabelece os fundamentos, os critérios e os limites da autonomia regional, na medida em que as regiões autónomas não detêm a *Kompetenz-Kompetenz* (competência das competências).

A Lei Fundamental é, indubitavelmente, a primeira fonte dos poderes de participação das regiões autónomas, pelo que a delimitação, tanto negativa como positiva, do que se deve entender por *"assuntos da República"* e *"assuntos das regiões autónomas"* ancora-se, dogmaticamente, na Constituição.

Ora, o nosso texto constitucional, aparentemente, não contém – ao contrário do que sucede com outros[69] – uma lista de matérias da competência das regiões[70], em que a atuação da República esteja, à partida, excluída, mas, em boa verdade, a República não deve exercer poderes em relação a algumas matérias constantes do artigo 227º, nº 1, da CRP e dos estatutos político-administrativos das regiões autónomas. Além disso, ainda que não exista um preceito constitucional que enumere a lista das matérias exclusivas do Estado, como se verifica noutros textos constitucionais[71], deve considerar-se como tal, pelo menos, o elenco das matérias de competência reservada aos órgãos de soberania (artigos 164º e 165º CRP, no que diz respeito à Assembleia da República e 198º, nº 2, CRP em relação ao Governo). Note-se, por último, que também não existe, propriamente, um catálogo de matérias concorrentes entre o Estado e as regiões[72], mas ele pode inferir-se das normas e princípios constitucionais e das normas estatutárias.

Na verdade, **o artigo 227º CRP enumera um conjunto bastante vasto de poderes** – e não de matérias[73] – **das regiões autónomas**. A técnica utilizada para a definição e densificação desses poderes é a da remissão para os respetivos estatutos político-administrativos. Assim, as alíneas *a)*, *b)*, *c)*, *i)*, *l)*, *n)*, *p)*, 1ª parte, e *q)* referem-se a poderes legislativos, enquanto as alíneas *d)*, *g)*, *h)*, *j)*, *m)* e *o)* contemplam poderes de natureza administrativa. Além disso, e com especial relevo

---

[69] Cfr., por exemplo, a Constituição espanhola de 1978 e a Constituição italiana de 1948, com as modificações introduzidas pela lei constitucional nº 3/2001 de 18 de outubro.

[70] Cfr. a Constituição espanhola de 1978, a qual, no seu artigo 148º, enumera uma lista de competências das Comunidades Autónomas.

[71] Cfr. artigo 149º da Constituição espanhola e artigo 117º, § 2º, da Constituição italiana.

[72] Cfr. artigo 117º, § 3º, da Constituição italiana.

[73] A Constituição, após a revisão de 1997, passou a incluir uma enumeração exemplificativa das matérias que considerava de interesse específico das regiões autónomas no antigo artigo 228º CRP, a qual desapareceu na revisão de 2004.

para o objeto da presente lição, a nossa Constituição enumera ainda os poderes de participação das regiões autónomas na atividade do Estado (alíneas *p*), 2ª parte, *r*), *s*), *t*), *v*) e *x*) do nº 1 do artigo 227º), tanto a nível interno como externo, em nome do princípio da cooperação entre estas e a República.

A concretização constitucional dos poderes de participação, como melhor veremos adiante[74], não é uniforme, o que vai ter sérias consequências, designadamente, ao nível do (des)valor jurídico do ato final[75].

Nos termos do artigo 227º, nº 1, CRP, a **densificação dos poderes conferidos às regiões autónomas** cabe aos **estatutos político-administrativos**, os quais, enquanto lei organizatória de uma pessoa coletiva territorial, devem concretizar e regulamentar, entre outros aspetos, as atribuições das regiões, a formação, a composição e as competências dos respetivos órgãos, as relações que se estabelecem entre as regiões e as demais pessoas coletivas territoriais (Estado e autarquias locais) e ainda a participação das regiões nos assuntos do Estado, tanto internos como externos. Ao estatuto está, todavia, vedado regulamentar as matérias que estão reservadas à lei comum da AR.

Se é certo que, na maior parte dos casos, a definição e densificação destes poderes nas respetivas áreas temáticas de atuação cabe aos estatutos político-administrativos de cada região autónoma, não menos seguro é que qualquer poder regional se fundamenta na Constituição e não nos estatutos, devido ao facto de as regiões autónomas não serem detentoras da *Kompetenz-Kompetenz* (competência das competências).

Assim, o Título III, capítulo II (artigos 85º e seguintes) do **EPARAM** e o Título V do **EPARAA** (artigos 114º e seguintes) densificam os diversos modos de relacionamento entre a Região Autónoma e o Estado, com especial destaque para a audição dos órgãos de governo próprio pelos órgãos de soberania e para a participação da Região nas relações internacionais e na construção europeia.

Sublinhe-se, porém, que nem os estatutos nem a lei ordinária estão constitucionalmente habilitados a ampliar a participação das regiões além do estabelecido na Lei Fundamental. Se assim procederem, esta-

---

[74] Cfr. *infra* nº 3.3.3.
[75] Cfr. *infra* nº 5.1.1., B) e 5.1.2.

rão a desrespeitar os limites do poder regional, nomeadamente, o da unidade do Estado e da não afetação da integridade da sua soberania. O reverso da medalha é que a lei também não pode impor restrições à participação das regiões autónomas que não estejam previstas na Constituição, pois se o fizer, estará a violar o princípio autonómico e, eventualmente, o princípio da subsidiariedade.

As relações entre a República e as regiões autónomas são, normalmente, pautadas por uma constante – **a tensão latente entre os princípios da unidade do Estado e o da autonomia regional** – tensão esta que a Constituição tenta superar através da busca de um equilíbrio entre ambos.

Assim, pode afirmar-se que enquanto a delimitação positiva de poderes das regiões autónomas está funcionalizada ao princípio autonómico, a delimitação negativa obedece ao princípio do Estado unitário. O princípio da subsidiariedade é, neste domínio, neutro (isto é, não é centralizador nem descentralizador), na medida em que conduz à atuação da entidade, seja ela central ou infraestadual, que possa agir de modo mais próximo dos cidadãos mas também de modo eficaz e eficiente. O princípio poderá, portanto, desempenhar um papel moderador que, nuns casos, inclinará o pêndulo no sentido da entidade central, mas, noutros casos, sucederá o contrário[76].

Acresce que os poderes das regiões autónomas, previstos na Constituição e nos estatutos, estão, em primeira linha, definidos em função do seu território, pelo que não se afigura admissível que elas possam atuar para além dele. Porém, tendo em conta a forma de Estado unitário, a repartição de poderes entre os órgãos de soberania e os órgãos de governo regional bem como as competências reservadas aos órgãos de soberania, designadamente, à Assembleia da República, as decisões tomadas ao nível da República não devem restringir-se, com frequência, ao continente. Pelo contrário, afetam as regiões autónomas – e, em certos casos, até de modo particular – porque elas fazem também parte do Estado e do território nacional. É frequente a existência de assuntos

---

[76] Sobre o princípio da subsidiariedade situado no Direito Constitucional, cfr. MARGARIDA SALEMA D'OLIVEIRA MARTINS, *O princípio da subsidiariedade em perspectiva jurídico-política*, Coimbra, Coimbra Editora, 2003, p. 329 e ss.

que respeitam à República, em relação aos quais as regiões autónomas devem ter uma palavra a dizer. Ou seja, nesses casos, as regiões devem ter a possibilidade de exprimir a sua opinião, enquanto parte integrante dessa mesma República.

Do que acaba de se afirmar resulta que a **definição dos assuntos das regiões autónomas** depende, em larga medida, da outra parte do binómio, ou seja, do que se deva entender por **assuntos da República.**

Acrescente-se ainda que a **Lei nº 40/96, de 31 de agosto**[77] regula a audição dos órgãos de Governo próprio das Regiões Autónomas[78].

O problema que aqui se coloca é o de saber se esta Lei invade a reserva de estatuto. A maior parte das normas da Lei nº 40/96 incidem sobre o **dever de consulta dos órgãos de soberania**, o que significa que não se verifica qualquer afetação da reserva de estatuto. Nalguns casos, porém, é duvidoso que assim seja, como sucede, por exemplo, no artigo 3º, nº 2, o qual estabelece que os órgãos regionais se pronunciam mediante parecer fundamentado, bem como no artigo 4º que refere que órgãos regionais devem ser ouvidos a propósito de cada competência.

A **Jurisprudência do Tribunal Constitucional** tem vindo a desempenhar um papel muito relevante na conformação dos poderes regionais, incluindo os de participação.

3.2. Quadro geral e grau de participação das regiões autónomas

Como já se disse, há numerosos domínios em que, não obstante estarem em causa competências primordialmente estaduais, até com frequência reservadas aos órgãos de soberania, a prossecução do interesse público impõe a participação dos órgãos de governo regional. Quer dizer, *"a participação das regiões autónomas no processo decisório (...) comporta uma tentativa de integração ponderativa dos interesses protagonizados pelas regiões na decisão final (...)"*[79], de modo a que o resultado decisório final traduza a síntese dos múltiplos interesses suscetíveis de serem afetados.

---

[77] Publicada no *Diário da República*, I Série-A, nº 202, de 31/8/1996.

[78] Nos Regimentos da Assembleia da República e do Governo também se encontram normas sobre esta matéria.

[79] PAULO OTERO, *Direito Constitucional...*, vol. II, p. 599.

Da simples leitura da Constituição pode-se inferir que as **regiões autónomas participam em todas as funções do Estado, com uma exceção**: a função jurisdicional, que está reservada aos tribunais que administram a justiça em nome do povo (artigo 202º, nº 1 da CRP)[80], assim como participam tanto nos assuntos internos como nos externos.

A participação das regiões autónomas nos **assuntos internos da República** incide sobre matérias político-legislativas e administrativas e a participação nos **assuntos externos** abarca os assuntos europeus e o domínio do direito internacional.

O **grau de participação das regiões autónomas** nos diversos assuntos da República difere em função da maior ou menor liberdade de atuação do órgão de soberania e do maior ou menor "impacto" que os atos ou normas adotados pelo órgão de soberania são suscetíveis de ter na região autónoma.

3.3. A participação das regiões autónomas nos assuntos internos da República

A Constituição prevê a participação das regiões autónomas nos assuntos internos da República a três níveis:

a) a Constituição prevê a faculdade de as regiões autónomas serem ouvidas, por iniciativa própria, ou a pedido dos órgãos de soberania, quando estão em causa questões que lhes digam respeito nas matérias da competência dos órgãos de soberania (artigo 227º, nº 1, alínea *v)*);

b) a Constituição exige, no artigo 227º, nº 1, alíneas *p)*, 2ª parte, *r)*, e *s)*, especificamente, a participação das regiões autónomas em matérias que se inserem no âmbito das competências político--legislativas do Estado, mas que apresentam uma ligação particular às regiões;

---

[80] Como já mencionámos, a participação das regiões autónomas também não abrange os atos de revisão constitucional, na medida em que estes fazem parte da reserva absoluta de iniciativa e competência da Assembleia da República. Cfr. JORGE MIRANDA, "Sobre a audição...", p. 785.

c) a Constituição estabelece, no artigo 229º, nº 2, a audição obrigatória das regiões autónomas quando estão em causa matérias da competência dos órgãos de soberania respeitantes às regiões.

Da leitura conjugada dos preceitos acabados de citar, parece resultar que a intensidade da participação das regiões autónomas varia consoante os órgãos de soberania estejam vinculados a solicitar a sua opinião, o seu parecer, a sua posição – o que se verifica sempre que se trate de questões que digam respeito às regiões autónomas – ou possam consultar os órgãos de governo regional, sem que exista qualquer vinculação nesse sentido. Num plano intermédio situa-se a participação especificamente prevista na CRP, em que os órgãos de soberania estão sujeitos à participação das regiões autónomas, mas o *modus faciendi* dessa participação não está constitucionalmente concretizado.

Passemos ao estudo destes três modos de participação. Antes, porém, importa tratar um ponto prévio, qual seja o das dificuldades inerentes à distinção entre a audição facultativa e a audição obrigatória.

3.3.1. Questão prévia: as dificuldades inerentes à distinção entre a audição facultativa e a audição obrigatória

Em primeiro lugar, deve notar-se que a Constituição não estabelece, de modo muito claro, a **fronteira entre a audição facultativa e a audição obrigatória**. Porém, trata-se de uma questão de suma importância, na medida em que aquela distinção tem repercussões, desde logo, ao nível da repartição vertical de poderes entre a República e as regiões autónomas, e, consequentemente, também no plano da validade formal dos atos dos órgãos de soberania. Assim sendo, parece-nos que a Constituição deveria ter sido mais esclarecedora quanto ao critério de delimitação da competência de participação das regiões autónomas nos assuntos da República quer do ponto de vista positivo quer negativo.

Sucede que, aparentemente, esse critério se ancora na diferente terminologia usada no artigo 227º, nº 1, alínea *v)*, CRP – "*questões que digam respeito à região*" – e no artigo 229º, nº 2, da CRP – "*questões (...) respeitantes às regiões*". No entanto, esta **divergência literal** apenas parece significar dois modos diferentes de expressar a mesma ideia. Por outras palavras, o sentido das duas expressões não se afigura, verdadeiramente, diverso, pelo que não será da letra mas antes de outros elementos interpretativos, que se poderá extrair o critério da obrigatoriedade da audição das regiões. Ora, um desses elementos é, sem dúvida, a **teleologia** das normas. Cumpre, todavia, sublinhar que este elemento também não se revela de grande ajuda, uma vez que o objetivo de ambas as normas coincide, consubstanciando-se na concretização dos princípios fundamentais da Constituição atrás mencionados – o princípio da unidade do Estado, o princípio autonómico e o princípio da subsidiariedade. Com efeito, quer a audição obrigatória quer a facultativa têm em vista assegurar o princípio autonómico nos casos em que, por força do caráter unitário do Estado, as decisões devam ser tomadas pelos órgãos de soberania. No fundo, o que está em causa, tanto num caso como noutro, é uma tentativa de equilíbrio e harmonia, sobretudo, dos dois primeiros princípios, os quais – quer se queira quer não – acabam por conduzir, frequentemente, a alguma tensão entre as regiões e a República. Ora, só a cooperação leal entre os órgãos regionais e os órgãos de soberania conseguirá assegurar esse equilíbrio. Em suma, o *telos* das normas também não nos ajuda a solucionar o problema da fronteira entre a audição facultativa e a audição obrigatória.

Uma vez chegados a esta conclusão, e competindo aos **estatutos político-administrativos das regiões autónomas** concretizar e densificar as normas constitucionais ora em análise, há que recorrer aos seus preceitos relevantes, com o intuito de descortinar o que se deve entender por audição obrigatória e facultativa.

O artigo 116º, nº 1, do **EPARAA** estabelece que a aprovação de decretos-leis e leis aplicáveis no território regional deve ser precedida de audição da Assembleia Legislativa sobre as questões respeitantes à Região, sendo que o nº 2 do preceito especifica o que se deve entender por tais questões e enumera uma lista exemplificativa de matérias sujeitas à audição. De acordo com o nº 2 do artigo 116º do EPARAA, *"consideram-se respeitantes à Região, normas que nela incidam especialmente ou que versem sobre interesses predominantemente regionais"*. Ou seja, o próprio estatuto político administrativo de uma das regiões autónomas, posterior à revisão constitucional de 2004, remete, em certo sentido, para critérios que, ao longo dos anos, forem sendo desenvolvidos tanto pela doutrina como pela Jurisprudência. O nº 3 do artigo 116º do EPARAA especifica as matérias que incidem especialmente na competência legislativa de desenvolvimento.

O **EPARAM** é bastante mais lacónico a este propósito, limitando-se, no artigo 89º, nº 1, a afirmar que *"a Assembleia e o Governo da República ouvem os órgãos de governo próprio da Região Autónoma sempre que exerçam poder legislativo (...) em matérias da respectiva competência que à Região digam respeito.* No fundo, trata-se da reprodução do sentido da norma constitucional.

Do exposto resulta que a interpretação dos estatutos político-administrativos das regiões autónomas também não nos oferece elementos que nos permitam traçar claramente a linha de demarcação entre a audição obrigatória e a audição facultativa.

Pela própria natureza das coisas **nem a Jurisprudência da Comissão Constitucional nem a do Tribunal Constitucional se pronunciaram, *ex professo*, sobre este assunto**. Com efeito, no domínio da audição, as questões de inconstitucionalidade só se colocam, verdadeiramente, na fase patológica da relação entre os órgãos de soberania e os órgãos de governo regional, isto é, quando existe um dever de audição dos órgãos das regiões autónomas que não é observado por parte dos órgãos de soberania. Se a audição se traduzir numa mera faculdade, ou o caso não chega sequer à fase patológica, ou se chegar, o Tribunal limita-se a apurar se existe a obrigação de audição e, no caso de não existir, não declara a inconstitucionalidade.

Tendo em consideração as dificuldades enunciadas, resta-nos apurar o sentido dos artigos 227º, nº 1, alínea *v)*, 1ª parte, e 229º, nº 2, da CRP, por apelo a um **critério utilitário ou pragmático**.

3.3.2. A audição facultativa das regiões autónomas

Note-se, antes de mais, que **o artigo 227º CRP constitui uma norma geral de atribuição de poderes às regiões autónomas**, a qual remete para os estatutos político-administrativos a sua densificação. O artigo 227º CRP deve, pois, ser encarado como uma espécie de chapéu debaixo do qual cabem todos os poderes das regiões autónomas, de entre os quais se inclui o de audição facultativa. O artigo 227º, nº 1, alínea *v)*, 1ª parte, CRP prevê, portanto, uma participação, cuja intensidade é fraca.

DESENVOLVIMENTO DA LIÇÃO

O princípio da cooperação leal entre os órgãos de soberania e os órgãos de governo regional consagrado no artigo 229º, nº 1, da CRP permite aos primeiros, sempre que considerem necessário, consultar os segundos, designadamente, por entenderem que os seus interesses devem ser incorporados na decisão final. Tendo o princípio da cooperação leal dois sentidos, no plano da valoração efetuada pelos órgãos de governo regional relativamente a um determinado assunto, estes podem entender que dispõem de informação privilegiada ou de elementos que pretendem levar ao conhecimento dos órgãos de soberania. Se assim for, os órgãos de soberania, ainda que não estejam vinculados, podem ouvir os órgãos de governo regional. E nem se diga que isso coloca as regiões autónomas numa posição privilegiada em relação ao restante território nacional, pois os órgãos de soberania detêm sempre a faculdade de estender a audição a entidades diversas daquelas que estão obrigados a consultar.

Sendo a audição facultativa a forma de participação das regiões autónomas mais ténue, o seu âmbito poderá abranger a generalidade das matérias político-legislativas e administrativas, excetuando aquelas que lhe estejam constitucionalmente vedadas, e o âmbito das questões que dizem respeito às regiões deve ser interpretado de modo amplo, ainda que sem esquecer que as regiões autónomas têm no seu território o limite dos seus poderes.

3.3.3. A participação específica constitucionalmente consagrada

A participação específica das regiões autónomas compreende-se no quadro da repartição de poderes entre a República e as regiões autónomas, em que os poderes de decisão político-legislativos destas últimas se encontram circunscritos ao âmbito regional, isto é, territorialmente delimitados. Aliás, é natural que, num Estado unitário, as decisões de política interna que extravasem desse âmbito, ou seja, aquelas que envolvam o Estado no seu todo – ou, pelo menos, uma parte dele que vai para além das regiões autónomas – sejam tomadas pelos órgãos de soberania e não pelos órgãos de governo próprio das regiões autónomas.

Ora, nos termos do artigo 198º da CRP, a condução da política geral do país compete ao Governo. Porém, determinadas decisões de política interna afetam, de um modo especial, os interesses, os particularismos, as especificidades das regiões autónomas. Por conseguinte, os órgãos de soberania, *maxime*, o Governo, devem ter em conta a opinião dos órgãos de governo regional, ainda que não adotem as soluções, eventualmente propostas pelas regiões autónomas, na decisão final.

O artigo 227º, nº 1, alíneas *p*), 2ª parte, *r*), e *s*), CRP exige especificamente a participação das regiões autónomas em **matérias** que se inserem no âmbito das **competências político-legislativas do Estado**, mas com as quais as regiões apresentam uma ligação muito particular, ou porque integram programas específicos de âmbito territorial regional que devem ser executados a nível regional, como é o caso da **elaboração dos planos nacionais**, ou porque as regiões dispõem de poderes próprios na matéria (poderes tributários próprios) mas o princípio do Estado unitário impõe que a política em causa pertença à República, como se verifica com a **política fiscal e financeira**, ou porque a matéria em causa é da competência da República, mas assume uma relevância especial na vida das populações das ilhas, como sucede com as **políticas respeitantes às águas territoriais, à zona económica exclusiva e aos fundos marinhos contíguos**.

Por outras palavras, a participação específica constitucionalmente consagrada decorre da própria **matéria** que está em causa, a qual **reclama que as decisões finais integrem os interesses das regiões autónomas**, pelo que a CRP presume que estas questões respeitam às regiões autónomas. O legislador estatutário goza, neste domínio, de uma ampla margem de discricionariedade.

Para uma melhor compreensão do que está em causa, vejamos, em pormenor, cada uma das três situações acima enumeradas.

A) *Os planos nacionais*

Os **planos nacionais**, constitucionalmente impostos (artigo 91º, nº 1, da CRP), **podem integrar programas específicos de âmbito territorial**, nos quais se incluindo, naturalmente, as regiões autónomas. Aliás, se tivermos em consideração que a própria Constituição fundamenta a autonomia regional nas características geográficas, económicas, sociais e culturais dos arquipélagos dos Açores e da Madeira, é até desejável que esses programas específicos contemplem, de um modo particular, as regiões autónomas. Além disso, os planos nacionais aplicam-se, obviamente, às regiões autónomas enquanto parte do território nacional.

Ora, sendo os **planos nacionais elaborados pelo Governo**, de acordo com a respetiva lei das grandes opções, cuja aprovação é da competência exclusiva reservada da Assembleia da República, sob proposta do Governo (artigo 161º, alínea *g*), da CRP), a **integração dos interesses das regiões autónomas nos planos nacionais exige a participação** das mesmas na sua elaboração (artigo 227º, nº 1, alínea *p*), 2ª parte, CRP).

Acresce que a **execução dos planos nacionais é descentralizada, regional e sectorial** (artigo 91º, nº 3, da CRP), o que significa que o poder de execução dos planos nacionais no território das regiões autónomas pertence aos órgãos de governo regional, pelo que a exigência constitucional de o Governo levar em conta a opinião das regiões autónomas está plenamente justificada, assim como, vistas as coisas do lado oposto, é natural que as regiões autónomas tenham uma palavra a dizer em momento prévio à aprovação dos planos nacionais (da competência da AR, nos termos do artigo 209º do Regimento da AR).

B) *A política fiscal, monetária, financeira e cambial*
O artigo 227º, nº 1, alínea *r*), CRP prevê igualmente a participação das regiões autónomas na definição e execução da política fiscal, monetária, financeira e cambial. Porém, tendo em conta a integração de Portugal na União Europeia, há que distinguir a intensidade da participação das regiões autónomas, por um lado, na política fiscal e financeira e, por outro lado, na política monetária e cambial.

Assim, no que diz respeito à **política fiscal e financeira**, segundo o artigo 227º, nº 1, alínea *i*), da CRP, as regiões autónomas detêm poder tributário próprio (nos termos da lei), bem como o poder de adaptar o sistema fiscal nacional às especificidades regionais (nos termos da lei--quadro da Assembleia da República). Mas, como é bom de ver, num Estado unitário, a política fiscal e financeira não pode deixar de ser uma política da República, isto é, estadual. Daí que a criação de impostos e o sistema fiscal, assim como o regime geral das taxas e das demais contribuições financeiras a favor de entidades públicas constituam matéria de reserva relativa de competência legislativa da Assembleia da República (artigo 165º, nº 1, alínea *i*), CRP) que nem sequer se inclui nos domínios suscetíveis de os órgãos regionais serem autorizados por aquela Assembleia a legislar, de acordo com o artigo 227º, nº 1, alínea *c*), da CRP.

Tratando-se, todavia, de uma **matéria crucial para as regiões autónomas**, na medida em que dela depende, em grande parte, o desenvolvimento económico e social regional bem como a promoção e defesa dos interesses regionais – objetivos da autonomia regional enunciados no artigo 225º, nº 2, da CRP – a Constituição impõe a participação das regiões autónomas na definição e execução da política fiscal e financeira, de modo a assegurar o controlo regional dos meios de pagamento em circulação e o financiamento dos investimentos necessários ao seu desenvolvimento económico e social (artigo 227º, nº 1, alínea *r*), da CRP).

Relativamente à participação das regiões autónomas na definição e execução da **política monetária e cambial**, deve sublinhar-se que, atualmente, esta política se efetiva, primordialmente, através da participação no processo de construção europeia – e não pela via da participação ao nível da decisão política interna – uma vez que a criação da união monetária e do euro no quadro da União Europeia conduziu à perda de soberania do Estado Português nestes domínios[81]. Com efeito, os Estados-Membros da União Europeia que fazem parte da zona Euro – como é o caso de Portugal – abdicaram das políticas internas individualizadas no domínio monetário e cambial, tendo convencionado – em consonância com o artigo 7º, nº 6, *in fine*, da CRP – o exercício, em comum, através das instituições da União, dos poderes relativos a estas matérias.

C) *As políticas respeitantes às águas territoriais, zona económica exclusiva e fundos marinhos*
As regiões autónomas participam na **definição das políticas respeitantes às águas territoriais, à zona económica exclusiva e aos fundos marinhos contíguos**, nos termos do artigo 227º, nº 1, alínea *s*), da CRP.

---

[81] Neste sentido, RUI MEDEIROS, "Anotação ao artigo 227º", *in* JORGE MIRANDA / RUI MEDEIROS, *Constituição...*, p. 332.

Tal como sucede com a política monetária e cambial, também, neste caso, devem ser respeitados os compromissos assumidos pelo Estado Português tanto ao nível internacional, designadamente, no âmbito das Nações Unidas (Convenção de Montego Bay sobre o Direito do Mar de 1982 e o Acordo de Nova Iorque relativo à aplicação Parte XI da Convenção de Montego Bay de 1994) como ao nível da União Europeia, nomeadamente, no que diz respeito à conservação dos recursos biológicos do mar, no domínio da política de pescas (cfr. artigo 3º, nº 1, alínea *d*), TFUE).

Assim, apesar de os limites das águas territoriais, da zona económica exclusiva e dos direitos de Portugal aos fundos marinhos contíguos fazerem parte da reserva absoluta de competência legislativa da Assembleia da República (artigo 164º, alínea *g*), da CRP) e de as decisões políticas respeitantes a estes espaços marinhos caberem ao Governo, ao abrigo da sua competência genérica de órgão de condução da política geral do país, as regiões autónomas, por razões que se prendem, desde logo, com a sua condição geográfica, insular e ultraperiférica, devem participar. Com efeito, sendo os arquipélagos dos Açores e da Madeira constituídos por ilhas relativamente distanciadas umas das outras, a extensão do mar territorial, da zona económica exclusiva e dos fundos marinhos contíguos portugueses deve-se, em grande medida, a estes dois arquipélagos. Além disso, tratando-se de ilhas, os espaços marinhos assumem uma enorme relevância na vida das populações.

Não se deve, pois, estranhar que a participação das regiões autónomas, na definição das políticas que dizem respeito a estes assuntos, constitua um imperativo constitucional[82].

3.3.4. A audição obrigatória

A **audição obrigatória**, prevista no artigo 229º, nº 2, da CRP, **é a forma mais intensa de participação das regiões nos assuntos internos da República**, na medida em que condiciona, pelo menos, temporalmente, o exercício da competência por parte do órgão de soberania. Por outras

---

[82] Neste sentido, J. J. GOMES CANOTILHO / VITAL MOREIRA, "Anotação ao artigo 227º", *in CRP...*, p. 680.

palavras, o artigo 229º, nº 2, CRP é uma norma específica em matéria de audição, a qual impõe limites à competência dos órgãos de soberania.

Note-se que a obrigatoriedade de audição das regiões cessa se a região autónoma já tiver intervindo por outra via, designadamente, através da iniciativa legislativa, como reconheceu o Tribunal Constitucional, no Acórdão nº 264/86, já citado.

A **audição obrigatória** pode ser **específica ou genérica**.

A) *A audição obrigatória específica*
A audição obrigatória específica está prevista no artigo 226º, nº 2 e 4[83], CRP, no que diz respeito aos **estatutos político-administrativos e à lei eleitoral para os Deputados à Assembleia Legislativa**. A Constituição prevê a obrigatoriedade de a Assembleia da República enviar a proposta à Assembleia Legislativa da região para apreciação e emissão de parecer, independentemente de as alterações ao projeto inicial da Assembleia Legislativa da Região serem, ou não, substanciais.

Porém, ainda que esse parecer seja negativo, isso não impede a Assembleia da República de aprovar os estatutos ou a lei eleitoral com as alterações que, entretanto, lhe foram introduzidas mesmo que sejam substanciais, como resulta do Acórdão nº 403/2009 do Tribunal Constitucional[84], através do qual foi declarada a inconstitucionalidade do artigo 140º, nº 2, do EPARAA que estabelecia que *"[o]s poderes de revisão do Estatuto pela Assembleia da República estão limitados às normas estatutárias sobre as quais incida a iniciativa da Assembleia Legislativa e às matérias correlacionadas"*. O Tribunal decidiu que o Estatuto não deveria dispor sobre esta matéria, na medida em que se tratava de uma usurpação de poderes ao legislador constituinte, em violação dos artigos 110º, nº 2, e 226,º, nºs 2 e 4, da CRP.

---

[83] Como já atrás referimos, se a Assembleia da República rejeitar ou introduzir alterações à proposta de lei apresentada pela Assembleia Legislativa relativa aos estatutos político-administrativos ou à lei eleitoral dos Deputados às Assembleias Legislativas das Regiões, bem como às suas alterações, deve consultar os órgãos de governo regional, mais precisamente, a Assembleia Legislativa.

[84] Disponível em www.tribunalconstitucional.pt/tc/acordaos

B) *A audição obrigatória genérica*
Além da audição obrigatória específica, a CRP prevê, igualmente, a audição obrigatória genérica, no artigo 229º, nº 2, mas, neste caso, como já atrás se mencionou[85], não indica claramente as matérias sobre as quais deve incidir essa audição nem o interesse da região se deve presumir, pelo que há que apurar quais os assuntos em que as regiões devem intervir.

i) Assuntos da competência político-legislativa dos órgãos de soberania

Em regra, as regiões autónomas dispõem de poder de participação em relação à generalidade das **matérias da competência político-legislativa dos órgãos de soberania**, com exceção daquelas em que estejam constitucionalmente excluídas.

A audição obrigatória tem em vista, através da cooperação leal entre os órgãos regionais e os órgãos de soberania, atingir um equilíbrio entre o princípio da unidade do Estado e o princípio autonómico, afirmados no artigo 6º, nº 1, CRP, os quais, em qualquer Estado em que o poder político se encontra repartido verticalmente entre diversas entidades, se encontram, frequentemente, em conflito.

Assim, as matérias sobre que a **audição obrigatória** das regiões autónomas deve incidir são, antes de mais, aquelas em que as **regiões detêm competência político-legislativa** (artigo 227º, nº 1, alíneas *a)*, *b), c), i), l), n), p)*, 1ª parte e *q)* da CRP), mas em relação às quais os órgãos de soberania (AR e Governo), em nome da prossecução do interesse público geral, estão constitucionalmente habilitados a legislar para todo o território nacional.

Em segundo lugar, como **"as regiões autónomas têm no seu território o limite dos seus poderes"** (Acórdãos nº 1/91 e nº 630/99[86]), elas devem participar nas matérias, em que, não podem decidir porque está envolvido o Estado no seu todo, ou em parte. É, pois, essa a razão que justifica que sejam os órgãos de soberania a decidir.

Em terceiro lugar, não está excluída a participação das regiões autónomas nas **matérias que integram a competência político-legislativa**

---

[85] Cfr. *supra* nº 3.3.1.

[86] Disponíveis em <u>www.tribunalconstitucional.pt/tc/acordaos</u>

reservada pela Constituição aos órgãos de soberania, como sucede nos artigos 161º, 164º e 165º da CRP relativamente à AR, bem como aquelas que, pela sua própria **natureza eminentemente nacional, devem ser reguladas pelos órgãos legislativos do Estado**[87] – Assembleia da República e Governo.

O artigo 115º do **EPARAA** estabelece que o Governo Regional deve ser ouvido em matéria de competências políticas, enquanto o artigo 116º do mesmo Estatuto dispõe que a Assembleia Legislativa deve exercer o direito de audição, no que diz respeito às matérias de competência legislativa.

O artigo 89º, nº 1, do **EPARAM** refere que a AR e Governo devem ouvir a Assembleia Legislativa no domínio do poder legislativo nas matérias da respetiva competência e o nº 2 do mesmo preceito sujeita a audição os outros atos do Governo da República sobre questões de natureza política.

ii) Assuntos respeitantes às regiões autónomas no domínio político-legislativo

Do exposto poder-se-ia inferir que as regiões devem ser ouvidas num conjunto muito vasto de matérias. Porém, **a obrigatoriedade da audição está constitucionalmente limitada às *"questões respeitantes às regiões autónomas"***. Ora, ao longo da vigência da atual Constituição, quer a Comissão Constitucional quer o Tribunal Constitucional têm vindo a dar o seu contributo para densificar as normas constitucionais relativas à audição das regiões autónomas. Com efeito, ambos proferiram inúmeras decisões em que se pronunciaram sobre a interpretação da expressão *"questões (...) respeitantes às regiões"*, constante do artigo 229º, nº 2, da CRP (artigo 231º, nº 2, da versão originária da CRP).

Começando pela **Jurisprudência da Comissão Constitucional**, no parecer nº 20/77[88], este órgão definiu as *"questões respeitantes às regiões autónomas"* como as que *"respeitem a interesses predominantemente regionais;*

---

[87] A mais recente afirmação do Tribunal Constituição neste sentido consta do Acórdão nº 613/11, de 13 de dezembro de 2011. Disponível em http://www.tribunalconstitucional.pt/tc/acordaos

[88] *Pareceres*, 2º vol., p. 159 e ss.

DESENVOLVIMENTO DA LIÇÃO

ou pelo menos mereçam, no plano nacional, um tratamento específico no que toca à sua incidência nas regiões, em função das particularidades destas e tendo em vista a relevância de que se revestem para esses territórios", tendo o parecer nº 2/82[89] acrescentado que *"a obrigatoriedade da audiência das Regiões Autónomas – rectius dos seus órgãos – não surge logo que uma questão da competência dos órgãos de soberania 'também' lhes interesse, ou seja, logo que tal questão tenha um relevo ou uma amplitude 'nacional' e não meramente 'continental' é antes necessário e imprescindível que tal questão se apresente pelo menos com alguma especificidade ou peculiaridade relevante no que concerne a essas Regiões. E de facto, não só as exigências da autonomia não pedem mais, como ir além disso envolveria, por assim dizer, o reconhecimento de um injustificável privilégio das Regiões Autónomas relativamente ao conjunto do território".*

Esta formulação foi retomada nos pareceres nºs 4/82[90] e 24/82[91].

A **Jurisprudência da Comissão Constitucional** foi, posteriormente, reiterada pelo **Tribunal Constitucional**, em vários acórdãos[92]. Tal como sucedeu com a Comissão Constitucional, as matérias sobre as quais incidiram esses acórdãos relacionavam-se, sobretudo, com as funções legislativa e administrativa.

---

[89] *Pareceres*, 18º vol., p. 103 e ss.

[90] *Pareceres*, 18º vol., p. 163 e ss.

[91] *Pareceres*, 20º vol., p. 181 e ss, 189.

[92] Cfr., por exemplo, Acórdão nº 82/86, de 18 de março de 1986, *DR* I Série, nº 76, de 2 de abril de 1986, p. 780 e ss; Acórdão nº 403/89, de 23 de maio de 1989, *DR*, I Série, nº 171, de 27 de julho de 1989, p. 2943 e ss (relativo à lei nº 13/85 – Lei do património cultural português – declarou a inconstitucionalidade por falta de audição da Assembleia Legislativa da Região dos Açores); Acórdão nº 629/99, de 17 de novembro de 1999, *DR*, II Série, de 30/12/99, p. 19927 e ss (relativo ao DL nº 417/98, de 31 de dezembro, que procedeu à alteração do regulamento das condições de higiénicas e técnicas a observar na distribuição e venda de carnes e seus produtos – não declarou a inconstitucionalidade por falta de audição da Assembleia Legislativa da Região Autónoma da Madeira por nenhuma das suas normas respeitar às regiões, as quais nunca são sequer referidas no diploma); Acórdão nº 684/99, de 21 de dezembro de 1999, não declarou a inconstitucionalidade da Lei nº 42/98 – Lei das Finanças Locais por considerar que a Região Autónoma da Madeira não tinha que ser ouvida; Acórdão nº 670/99, de 15 de dezembro de 1999, *DR*, 1ª Série, nº 74, de 28 de março de 2000, p. 5853 e ss. Disponíveis em http://www.tribunalconstitucional.pt/tc/acordaos.

O artigo 89º do **EPARAM** estabelece que as **matérias devem dizer respeito à Região,** no caso do exercício de **competência legislativa,** e que devem ter um **relevante interesse para a Região** no domínio da **competência política,** sem mais especificações.

O nº 2 do artigo 116º do **EPARAA** define o que se deve entender por "**respeitantes à Região**", no domínio da competência legislativa. A Região deve ser ouvida quando se verifique uma incidência especial das normas na Região, quando os interesses em causa sejam predominantemente regionais e quando se trate de matérias com especial incidência na competência legislativa regional de desenvolvimento (nº 3 do preceito).

No fundo, o artigo 116º do EPARAA adota os critérios que vêm da Jurisprudência da Comissão Constitucional (parecer nºs 20/77, 2/82 4/82 e 24/82) e posteriormente, de vários acórdãos[93], do Tribunal Constitucional, mesmo depois da revisão de 2004, como foi, por exemplo, o caso do Acórdão nº 551/2007, de 7 de novembro de 2007[94].

Antes da revisão constitucional de 2004, a doutrina discutia a questão de saber se a audição obrigatória das regiões autónomas dependia, ou não, de se tratar de uma matéria de *"interesse específico das regiões"* – critério usado pela Constituição para definir o seu poder legislativo[95] – sustentando a maioria dos Autores[96] a identificação das questões

---

[93] Citados na nota precedente.

[94] Disponível em http://www.tribunalconstitucional.pt/tc/acordaos

[95] Sobre o interesse específico das regiões autónomas como critério de determinação do seu poder legislativo, cfr., entre muitos outros, JORGE MIRANDA, "A autonomia legislativa regional e o interesse específico das regiões autónomas", *in* AAVV, *Estudos de Direito Regional*, Lisboa, Lex, 1997, p. 13 e ss; *Idem*, "O interesse específico das Regiões Autónomas", *in* AAVV, *Estudos de Direito Regional...*, p. 39 e ss; PAULO OTERO, "A competência legislativa das regiões autónomas", *in* AAVV, *Estudos de Direito Regional...*, p. 21 e ss; PEDRO MACHETE, "Elementos para o estudo das relações...", p. 91 e ss, CARLOS BLANCO DE MORAIS, "O modelo de repartição da função legislativa entre o Estado e as Regiões Autónomas", *in* AAVV, *Estudos de Direito Regional...*, p. 219 e ss; MARIA LÚCIA AMARAL, "Questões Regionais e Jurisprudência Constitucional: para o estudo de uma actividade conformadora do Tribunal Constitucional, *in* AAVV, *Estudos de Direito Regional...*, p. 277 e ss.

[96] JORGE MIRANDA, *Manual de Direito Constitucional*, tomo V, Coimbra, Coimbra Editora, 1997, p. 395 e ss; PEDRO MACHETE, "Elementos para o estudo...", p. 103. Um estudo específico sobre as origens da Jurisprudência Constitucional, nos Pareceres da Comissão

DESENVOLVIMENTO DA LIÇÃO

respeitantes às regiões autónomas com as matérias de "*interesse específico das regiões*". Acresce que a doutrina considerava que a Jurisprudência Constitucional[97] também adotava esta posição e, na verdade, poucas vozes se fizeram ouviram no sentido contrário[98].

Tendo a **revisão constitucional de 2004** eliminado o critério do "*interesse específico*" na delimitação do poder legislativo das regiões autónomas, isso não pode deixar de ter consequências ao nível da audição.

Vejamos o que diz o Tribunal Constitucional a este propósito.

É indubitável que, para o Tribunal, a competência legislativa das regiões autónomas deixou de ser equacionada por referência ao "interesse específico", o que tem repercussões ao nível da audição[99].

Constitucional, relativa à definição dos assuntos respeitantes às regiões em sede de participação e de não aplicação dos mesmos critérios ao exercício de competências próprias, designadamente, legislativas, e da subsequente evolução para a identidade entre matérias respeitantes aos interesses específicos das regiões e matérias de interesse específico, cfr. MARIA LÚCIA AMARAL, "Questões Regionais...", p. 279 e 280.

[97] Cfr. por exemplo, Acórdão n. 235/94, de 15 de março de 1994, *DR*, 1ª Série, nº 101, de 2 de maio de 1994; Acórdão nº 408/98, de 2 de junho de 1998, *DR*, 1ª série, nº 283, de 9 de dezembro de 1998 (o facto de uma matéria constar do Estatuto não lhe confere o caráter de matéria de interesse específico); Acórdão nº 491/04, de 7 de julho de 2004, *DR*, II Série, nº 241, de 13 de outubro de 2004.

[98] Antes da revisão de 2004 poucos foram os que colocaram sérias reticências à equiparação entre o "interesse específico das regiões" e os "assuntos respeitantes às regiões". Neste sentido, RUI MEDEIROS / JORGE PEREIRA DA SILVA, *Estatuto Político-Administrativo dos Açores Anotado*, 1ª ed., Lisboa, Principia, 1997, p. 85 e 86; DUARTE REGO PINHEIRO, "Notas sobre o poder regional de iniciativa legislativa", cit., p. 807; JORGE PEREIRA DA SILVA, "O conceito de interesse específico e os poderes legislativos regionais, *in* AAVV, *Estudos de Direito Regional*, cit., p. 305, CARLOS BLANCO DE MORAIS, *A autonomia legislativa regional*, Lisboa, AAFDL, 1993, p. 418 e 419.

[99] Cfr., entre outros, Acórdão nº 415/05 (pronuncia-se, parcialmente, pela inconstitucionalidade do decreto destinado a vigorar como decreto legislativo regional sobre construção de equipamentos escolares; Acórdão nº 258/06 (pronuncia-se pela inconstitucionalidade do decreto destinado a vigorar como decreto legislativo regional sobre regime de afixação de publicidade e de propaganda política); Acórdão nº 258/07 (contém uma análise de fundo sobre o abandono do critério de "interesse específico", a propósito da fiscalização preventiva do decreto destinado a vigorar como decreto legislativo regional sobre regime das precedências protocolares); Acórdão nº 382/07 (pronuncia-se pela inconstitucionalidade do regime de incompatibilidades dos titulares de cargos políticos, por confronto com os estatutos político-administrativos regionais); Acórdão nº 551/07

Isso mesmo resulta, por exemplo, do Acórdão nº 551/2007, de 7 de novembro de 2007, atrás citado, quando o Tribunal afirma que *"apesar de a redação do artigo 229º, nº 2, da CRP não ter sofrido qualquer alteração na mencionada revisão, as modificações introduzidas noutros preceitos do Título VII da Parte III, referente às regiões autónomas, designadamente em sede de repartição de poder legislativo entre os órgãos das regiões autónomas e os órgãos de soberania, que se consubstanciaram numa maior abertura da Constituição à autonomia regional, poderiam implicar um diferente entendimento da expressão respeitantes às regiões autónomas.*

O Tribunal admite expressamente que *"(...) o âmbito material da audição não coincide absolutamente com o âmbito material do poder legislativo regional, pois enquanto o primeiro decorre de um direito de participação junto dos órgãos de soberania, o segundo é um poder próprio."* Apesar disso, o Tribunal considera que *"(...) a expressão respeitantes às regiões autónomas constante do nº 2, do artigo 229º, da Constituição deve (continuar a) ser interpretada no sentido de se tratar de matérias que, apesar de serem da competência dos órgãos de soberania, nelas os interesses regionais apresentam particularidades por com-paração com os interesses nacionais, quer devido às características geográficas, económicas, sociais e culturais das regiões, quer devido às históricas aspirações autonomistas das populações insulares, que justificam a audição dos órgãos de governo regional".*

Dito de outro modo, são as características geográficas, económicas, sociais e culturais das regiões, assim como as históricas aspirações autonomistas das populações insulares que, para o Tribunal, justificam a audição e não o interesse específico das regiões.

(declara a inconstitucionalidade com força obrigatória geral do regime de mobilidade de funcionários públicos, quando aplicado à administração regional); Acórdão nº 10/08 (pronuncia-se pela inconstitucionalidade do decreto destinado a vigorar como decreto legislativo regional sobre regime de impedimentos dos titulares de cargos políticos na Madeira); Acórdão nº 423/08 (pronuncia-se, parcialmente, pela inconstitucionalidade do decreto destinado a vigorar como decreto legislativo regional sobre adaptação do regime de proteção contra o tabaco); Acórdão nº 26/09 (pronuncia-se pela inconstitucionalidade do decreto destinado a vigorar como decreto legislativo regional sobre regime orgânico da assembleia legislativa (financiamento dos grupos parlamentares)). Disponíveis em http://www.tribunalconstitucional.pt/tc/acordaos

Aliás, após a revisão de 2004, a Constituição ainda recorre ao critério do "interesse específico" em dois preceitos: o artigo 227º, nº 1, alínea *v)*, 2ª parte, relativo à pronúncia dos órgãos regionais na definição das posições do Estado Português no âmbito do processo de construção europeia e o artigo 232º, nº 2, relativo ao referendo regional, ou seja, em questões especificamente enunciadas.

Mesmo aí é duvidoso que, no domínio da audição dos órgãos das regiões autónomas, relativa à definição das posições do Estado Português no âmbito do processo de construção europeia, se deva fazer uma interpretação do critério do "interesse específico" que conduza a resultados diferentes dos que acabam de se referir.

Do exposto resulta que o critério do "interesse específico" deixou de ser adequado para efeitos da delimitação do âmbito da obrigatoriedade da audição das regiões.

Esta é, aliás, em nosso entender, a posição do próprio Tribunal Constitucional. Como acima se afirmou, o Tribunal deixou de recorrer ao critério do "interesse específico" para definir o âmbito da obrigatoriedade da audição das regiões autónomas.

Dito isto, não se pode, porém, olvidar o postulado de que *"as regiões autónomas têm no seu território o limite dos seus poderes"*[100], o qual se encontra claramente expresso no artigo 227º, nº 1, CRP, ao estabelecer que *"as regiões autónomas são pessoas coletivas territoriais"*. A própria atribuição constitucional de poderes às regiões é feita em função da sua natureza territorial, pelo que não se vê como poderão as regiões ser ouvidas em matérias que extravasam do âmbito regional. Sendo pessoas coletivas territoriais, a sua competência está geograficamente limitada ao seu território.

Assim, **a primeira consequência a retirar da expressão *"respeitantes às regiões autónomas"* deverá ser a de que estas só devem ser ouvidas em relação às matérias de âmbito regional**, não devendo, *a contrario*, sê-lo no que toca a matérias de âmbito nacional em relação às quais estão nas mesmas condições que qualquer outra parte do territó-

---

[100] RUI MEDEIROS, "Anotação ao artigo 227º", *in* JORGE MIRANDA / RUI MEDEIROS, *Constituição...*, p. 306.

rio nacional[101]. E em relação a este ponto, não encontramos na doutrina vozes discordantes. Mesmo os que assumem uma posição muito crítica da Jurisprudência do Tribunal Constitucional parecem aderir a esta tese ou, pelo menos, não apresentam visivelmente nenhuma outra alternativa[102].

Em suma, **as regiões não têm direito de audição nos casos em que sejam interessadas apenas na medida em que o é também o restante território nacional**. No fundo, a formulação do parecer nº 20/77 da Comissão Constitucional, complementada pelo parecer nº 2/82, atrás citados, continua atual, não por aplicação do critério do "interesse específico", mas antes porque todos os poderes das regiões autónomas, incluindo o poder de audição, são territorialmente delimitados.

As regiões devem, pois, ser ouvidas em relação às matérias que tenham uma especial incidência no seu território, não sendo obrigatória a sua audição quando estão em causa matérias de âmbito nacional em relação às quais estão nas mesmas condições que qualquer outra parte do território nacional. Esta conclusão resulta da ponderação entre o princípio da unidade nacional, o qual impõe que quando está em causa o interesse público geral devam ser os órgãos de soberania a legislar, e de preferência, sem quaisquer condicionamentos, e o princípio da autonomia que, ao exigir a integração dos interesses regionais na ponderação da decisão final, implica um condicionamento, ainda que só temporal, aos órgãos de soberania.

Sublinhe-se ainda que dos estatutos resulta uma menor densificação da audição dos órgãos da região no domínio das competências politicas dos órgãos de soberania do que em relação às competências legislativas, o que se compreende no quadro da discricionariedade e da liberdade de decisão de que os órgãos de soberania dispõem quando atuam nestes domínios. Ainda que o condicionamento da audição obrigatória seja apenas temporal, não deixa de ser um condicionamento.

---

[101] JORGE MIRANDA, *Manual...*, tomo III, p. 318.

[102] RUI MEDEIROS, "Anotação ao artigo 229º", *in* JORGE MIRANDA / RUI MEDEIROS, *Constituição...*, p. 379.

iii) **Assuntos da competência administrativa dos órgãos de soberania**

A autonomia das regiões autónomas é, como já se referiu[103], político-administrativa, o que implica que, a par da autonomia política e legislativa, as regiões possuam, igualmente, em múltiplas áreas, uma **forte autonomia administrativa**, a qual comporta, frequentemente, uma reserva absoluta de competência para os órgãos de governo regional, com exclusão da intervenção de quaisquer outros órgãos administrativos, incluindo o Governo.

Assim, nos termos do artigo 227º, nº 1, alínea *d)*, da CRP, as regiões autónomas detêm, em exclusivo, o poder de regulamentar a legislação regional bem como poder executivo próprio (artigo 227º, nº 1, alínea *g)* da CRP), poder de administrar e dispor do seu património e celebrar os atos e contratos em que tenham interesse (artigo 227º, nº 1, alínea *h)*, da CRP), poder de tutela sobre as autarquias locais (artigo 227º, nº 1, alínea *m)*, da CRP) e poder de superintender nos serviços, institutos públicos e empresas públicas e nacionalizadas que exerçam a sua atividade, exclusiva ou predominantemente, na região, e noutros casos em que o interesse regional o justifique (artigo 227º, nº 1, alínea *o)*, da CRP). Por outro lado, as regiões autónomas dispõem igualmente do poder de regulamentar as leis emanadas dos órgãos de soberania que não reservem para si o respetivo poder regulamentar.

Em suma, **a competência administrativa das regiões é muito ampla, mas não lhes está totalmente reservada**, uma vez que o Governo da República, como órgão superior da Administração Pública (artigo 182º, 2ª parte, da CRP), está constitucionalmente habilitado a exercer competência administrativa sobre todo o território nacional[104] (artigo 199º, alínea *g)*, da CRP), podendo até a lei reservar a competência regulamentar para o Governo, com exclusão das regiões autónomas.

Daqui resulta que o Governo tem competência regulamentar também no que diz respeito ao território das regiões autónomas, enquanto parte integrante do território nacional, o que é uma decorrência da natureza unitária do Estado, do princípio da igualdade e da exigência

---

[103] Cfr. *supra* nº 1.1.

[104] Neste sentido, PAULO OTERO, *Direito Constitucional...*, vol. II, p. 594.

constitucional de que a autonomia não pode afetar a soberania do Estado[105].

Assim sendo, **os interesses regionais só poderão ser integrados na decisão administrativa final do órgão de soberania pela via da participação das regiões autónomas**.

Nem sempre as situações da vida se apresentam de modo tão linear como o acabado de expor, pelo que, antes de avançar, importa chamar a atenção para um caso que, no mínimo, levanta algumas dúvidas.

Através do Acórdão n.º 71/90, de 21 de março, o Tribunal Constitucional apreciou, a título de fiscalização preventiva, uma norma – o artigo 17.º, n.º 1, do Decreto n.º 239/V, da Assembleia da República, respeitante à «Lei-Quadro das Privatizações» (Lei n.º 11/90, de 5 de abril) – que previa que a reprivatização de empresas públicas com sede e atividade principal nas regiões autónomas revestiria a forma de decreto-lei, mediante a iniciativa e com o parecer favorável do governo regional de cada região.

O Tribunal, usando uma fundamentação em cascata, fugiu à questão do caráter exclusivo da competência da região, decidindo que mesmo que se considerasse – "(...) *que as empresas públicas em causa integram o património regional no preciso sentido contemplado pela alínea h) do n.º 1 do artigo 229.º da Constituição –, a participação garantida pelo Decreto às regiões autónomas no processo de privatizações, que é uma participação essencial, consome o conteúdo útil do referido preceito constitucional quanto aos poderes das regiões no tocante a esse processo. De onde resulta que não existe a violação da Lei Fundamental*"[106].

Esta Jurisprudência, ainda que se tenha em conta o contexto político-económico da época, afigura-se assaz criticável. No fundo, o Tribunal aceitou que a iniciativa e o parecer favorável poderiam funcionar como uma espécie de "moeda de troca" da competência exclusiva da região, o que não nos parece admissível.

---

[105] Neste sentido, PAULO OTERO, *Direito Constitucional...*, vol. II, p. 595.

[106] Acórdão n.º 71/90, de 21 de março, disponível em http://www.tribunalconstitucional. pt/tc/acordaos

DESENVOLVIMENTO DA LIÇÃO

iv) **Assuntos respeitantes às regiões autónomas no domínio administrativo**

Quando está em causa **o exercício da competência administrativa**, por parte do Governo, o artigo 89º, nº 1, do **EPARAM** impõe a audição da Região no domínio do **poder regulamentar** em matérias que à Região **digam respeito**, exigindo o **relevante interesse** para a Região, quando se trate de outros **atos do Governo de natureza administrativa**.

O **EPARAA** ocupa-se da audição sobre o exercício de competências administrativas, no **artigo 117º**, o qual estabelece a obrigatoriedade de o Governo da República consultar o Governo Regional quer nos casos em que as competências administrativas se exerçam ao nível interno, quer quando o Governo participe, no âmbito da União Europeia, no exercício de competências administrativas sobre matérias que digam respeito à Região. Esta última situação não se verificará com a mesma frequência da primeira, uma vez que as competências administrativas da União Europeia se exercem, essencialmente, através das Administrações Públicas dos seus Estados-Membros.

O Tribunal Constitucional já reconheceu o dever de audição dos órgãos de governo das regiões no âmbito da função administrativa (cfr., por exemplo, Acórdão nº 629/99[107]).

Se em relação ao poder regulamentar do Governo não se levantam particulares problemas, estando a generalidade da doutrina de acordo quanto à participação das regiões no exercício desse poder, a questão já não é tão líquida quando estão em causa atos administrativos. A dificuldade desta questão prende-se, desde logo, com a atual indefinição da distinção entre regulamentos e atos administrativos bem como com a relevância política que alguns destes últimos têm vindo a assumir. Há quem defenda que o Governo não pode deixar de ouvir as regiões neste domínio[108].

---

[107] Disponível em http://www.tribunalconstitucional.pt/tc/acordaos
[108] Neste sentido, RUI MEDEIROS, "Anotação ao artigo 229º", *in* JORGE MIRANDA / RUI MEDEIROS, *Constituição...*, p. 378.

3.4. A participação das regiões autónomas nas relações externas do Estado Português

A intensidade da participação das regiões autónomas no domínio das relações externas diverge consoante se trate de assuntos europeus ou do direito internacional em geral, o que se explica, por três razões:

1ª) O exercício dos poderes do Estado ao nível da União é suscetível de provocar uma maior compressão dos poderes de autonomia político-administrativa;

2ª) A própria União impulsiona a participação das regiões no processo de construção europeia;

3ª) A política externa geral impõe uma unidade que só, no quadro da República, pode ser assegurada, o que explica também que a participação das regiões autónomas no domínio das relações internacionais seja bastante menos intensa do que no tocante aos assuntos internos.

3.4.1. A participação das regiões autónomas no processo de construção europeia

Em matéria de construção europeia, a participação das regiões autónomas é múltipla e manifesta-se, essencialmente, a três níveis:

1º) as regiões autónomas têm o direito de participar na definição das posições do Estado português no âmbito do processo de construção europeia quando estão em causa matérias do seu interesse específico (artigo 227º, nº 1, alínea *v*), 2ª parte, da CRP);

2º) as regiões participam nas delegações envolvidas em processos de decisão da União Europeia, quando estejam em causa matérias que lhes digam respeito (artigo 227º, nº 1, alínea *x*), da CRP);

3º) as regiões autónomas devem estar representadas nas instituições regionais europeias (artigo 227º, nº 1, alínea *x*), da CRP).

A) *Definição das posições do Estado Português*

Começando pela participação das regiões autónomas na definição das posições do Estado português no âmbito do processo de construção europeia, note-se, em primeiro lugar, que se trata de um direito a contribuírem para a posição nacional, sendo certo que a decisão final cabe

DESENVOLVIMENTO DA LIÇÃO

sempre aos órgãos de soberania que não ficam vinculados à opinião, ao juízo, à posição dos órgãos regionais[109].

Em segundo lugar, recorde-se que o artigo 227º, nº 1, alínea *v*), 2ª parte, da CRP mantém a exigência de que estejam em causa matérias de interesse específico, em contradição com as opções dominantes na revisão constitucional de 2004, no sentido da eliminação das referências ao "interesse específico".

Assim sendo, a primeira questão que se coloca é a de saber **como se deve interpretar, à luz da atual versão da CRP, a referência ao "interesse específico".**

Como já mencionámos[110], o "interesse específico" consubstanciava um dos limites ao poder legislativo das regiões autónomas, tendo sido identificado, pela Jurisprudência do Tribunal Constitucional (e da sua antecessora – a Comissão Constitucional) e pela maioria doutrina com a exclusividade, a especialidade da matéria e com a intensidade da relevância[111].

Para obviar à incerteza jurídica que rodeava a interpretação do conceito de "interesse específico", a Constituição, após a revisão constitucional de 1997, passou a incluir uma enumeração exemplificativa das matérias consideradas de "interesse específico" e o mesmo se verificou nos estatutos político-administrativos (cfr. artigo 40º do EPARAM e artigo 8º do EPARAA, na versão de 98[112]).

A **revisão constitucional de 2004** introduziu profundas alterações no direito constitucional regional, das quais se destaca, para o tema que ora nos ocupa, a eliminação da menção do "interesse específico" em sede de poder legislativo regional. Tendo deixado o poder legislativo das regiões autónomas de ser equacionado em função do "interesse específico", afigura-se algo problemático continuar a interpretar a expressão constante do artigo 227º, nº 1, alínea *v*), 2ª parte, da CRP de

---

[109] MARIA LUÍSA DUARTE, "União Europeia e Entidades Regionais...", p. 37.

[110] Cfr. *supra* nº 3.3.4., B), ii).

[111] JORGE MIRANDA, *Manual de Direito Constitucional*, tomo V, 4ª ed., Coimbra, Wolters Kluwer/Coimbra Editora, 2010, p. 431.

[112] Aprovado pela Lei nº 9/87, de 26 de março, posteriormente alterado pela lei nº 61/98, de 27 de agosto.

modo totalmente idêntico ao que se verificava até à revisão constitucional de 2004.

Antes de mais, vejamos o que nos dizem os **estatutos político-administrativos** sobre esta questão.

O **artigo 96º do EPARAM** limita-se a estabelecer que a Região tem o direito de participar no processo de construção europeia mediante representação nas respetivas instituições regionais e nas delegações envolvidas em processos de decisão comunitária quando estejam em causa matérias do seu interesse específico. No fundo, pouco mais faz do que reproduzir, por outras palavras, o texto constitucional, pelo que não se revela de grande utilidade para a solução do problema que nos ocupa.

Pelo contrário, o **artigo 122º do EPARAA** densifica a participação da Região na construção europeia, afirmando, no seu nº 1, que a Região tem direito de participar nos processos de formação do Estado português, no âmbito da construção europeia, quando estejam em causa matérias que lhe digam respeito, remetendo a definição das mesmas para o nº 2 do artigo 121º, o qual será estudado no número seguinte, a propósito da participação das regiões nas relações internacionais. Aparentemente, o EPARAA não distingue entre as matérias de "interesse específico" e as matérias que "digam respeito" à Região, equiparando-as.

O nº 2 do preceito enumera um conjunto de **direitos da Região** neste domínio, de entre os quais se incluem:

- a integração das delegações do Estado Português para negociações no âmbito da revisão do direito originário da União, da aprovação de novos tratados e do processo decisório (alínea *a*));
- a participação no Comité das Regiões (alínea *b*));
- o estabelecimento de relações de cooperação com o PE (alínea *e*));
- o direito de requerer à República o recurso ao meio jurisdicional adequado junto dos tribunais da União para defesa dos seus direitos (alínea *f*)).

O artigo 122º, nº 2, alínea *c*), do EPARAA impõe, expressamente, a obrigatoriedade da audição quando estão em causa iniciativas normativas da União, no âmbito do **procedimento de verificação do**

cumprimento do princípio da subsidiariedade, quando estas **afetem as atribuições e competências da Região**.

Por seu turno, o nº 3 do artigo 122º do EPARAA estabelece que, quando estejam em causa **questões que digam exclusivamente respeito à Região**, o Estado deve assegurar-lhe uma **posição preponderante nas negociações**. Recorde-se que a exclusividade constituiu, precisamente, um dos critérios utilizados, tanto pela doutrina como pela Jurisprudência, para definir o interesse específico das regiões autónomas, pelo que o EPARAA parece ainda estar refém deste critério, utilizando-o para reivindicar para a Região uma posição preponderante nas negociações. Isto não significa, porém, que o poder de decisão se desloque dos órgãos de soberania para os órgãos regionais. Por outras palavras, a decisão continua a cargo dos órgãos de soberania, os quais, segundo o Estatuto, devem ter particularmente em conta a posição da Região.

Assim, não oferece dúvidas que, nas matérias em que as regiões autónomas detêm competência legislativa, se os órgãos da União pretenderem nelas intervir, as regiões autónomas devem ser ouvidas, na medida em que dessa intervenção pode resultar a compressão da liberdade de conformação do legislador regional[113].

A questão de saber se as regiões autónomas devem ser ouvidas quando os órgãos da União pretendem intervir em matérias, cuja **competência está reservada à AR**, é mais controversa, na medida em que essas matérias envolvem, por natureza, uma decisão nacional. Porém, se se tratar de uma competência reservada da AR que diga exclusivamente respeito à Região, esta deverá ser ouvida por parte dos órgãos de soberania.

Quanto ao mais, o citado preceito estatutário limita-se a estabelecer que a Região tem direito a ser informada, pelos órgãos de soberania, das iniciativas ou propostas que estes apresentem perante as instituições europeias, ou dos procedimentos em que estejam diretamente envolvidos (alínea *d*)). Ou seja, no que diz respeito às matérias reservadas à competência da AR não se vislumbra nem na Constituição nem no

---

[113] RUI MEDEIROS, "Anotação ao artigo 227º", *in* JORGE MIRANDA / RUI MEDEIROS, *Constituição...*, p. 335.

Estatuto qualquer dever de audição por parte dos órgãos de soberania, com a exceção acabada de assinalar.

B) *Delegações envolvidas em processos de decisão da União Europeia*
As regiões autónomas participam igualmente nas delegações envolvidas em processos de decisão da União Europeia, quando estejam em causa matérias que lhes digam respeito.

A forma como essa participação se exterioriza, na prática, decorre quer dos **estatutos político-administrativos da Região** quer de outras normas legais.

Sendo certo que o **EPARAM** nada adianta quanto a esta questão, limitando-se a corroborar, no **artigo 96º**, que a Região tem o direito de estar efetivamente representada nas delegações nacionais envolvidas em processos de decisão comunitária, o **EPARAA** vai mais bastante longe, estabelecendo na alínea *a)* do nº 2 do seu artigo 122º que a Região tem direito a integrar as delegações do Estado Português para negociações no âmbito da revisão do direito originário da União, da aprovação de novos tratados e do processo decisório.

A **integração da Região nas delegações do Estado Português** quando estejam em causa negociações de novos tratados ou de tratados de revisão de tratados anteriores no âmbito da União pode entender-se que já decorria da obrigatoriedade de participar nas negociações de tratados ou acordos internacionais, prevista na alínea *c)* do nº 3 do artigo 121º do EPARAA (e, naturalmente, da alínea *t)* do nº 1 do artigo 227º CRP), se se defender que essa participação impõe a integração das regiões autónomas nas delegações. Ao reafirmar esse direito no preceito referente à participação na construção europeia, o Estatuto parece pretender afastar quaisquer dúvidas a esse propósito, designadamente, as que poderiam decorrer da natureza específica dos Tratados da União Europeia.

No que diz respeito ao **processo decisório**, as regiões autónomas participam, desde logo, ao nível interno, no órgão de coordenação com vista ao estabelecimento de orientações concertadas e à definição das posições portuguesas, a nível técnico, junto das diferentes instituições europeias, o qual funciona junto da Direção Geral dos Assuntos Europeus, no âmbito do Ministério dos Negócios Estrangeiros (artigo 12º, nº 3, do D.L. nº 204/2006, de 27 de outubro). Este órgão denomina-

-se Comissão Interministerial para os Assuntos Europeus (CIAE) e é composto por representantes dos diversos ministérios e dos órgãos de governo próprio das regiões autónomas.

Por seu turno, ao nível externo, as regiões autónomas devem integrar as delegações do Estado Português envolvidas nos grupos de trabalho da Comissão, bem como nas reuniões de cariz mais político do Conselho de Ministros da União. Quer num caso quer noutro, decisivo é que as matérias lhe digam respeito.

Como já antes sustentámos[114], a fórmula *"matérias que lhes digam respeito"* não deve ser recortada em função da referência ao "interesse específico", valendo aqui as considerações anteriormente avançadas a este propósito.

Na prática, independentemente das divergências político-partidárias que, em dado momento, por hipótese, oponham os órgãos da República aos órgãos de governo regional, estes são convidados a indicar os seus representantes nas delegações do Estado Português quer no plano da negociação técnica quer no domínio da negociação política[115].

C) *Representação nas instituições regionais europeias*

Nos termos artigo 227º, nº 1, alínea *x)*, da CRP, as regiões autónomas estão representadas nas instituições regionais europeias.

O órgão de representação dos interesses regionais na União é o Comité das Regiões (artigos 305º e seguintes do TFUE), o qual é um órgão consultivo do Parlamento Europeu, da Comissão e do Conselho (artigo 307º TFUE). Aquele órgão representa interesses regionais e locais e a sua composição repercute esses interesses (artigo 300º, nº 3, do TFUE).

Portugal tem direito a designar doze membros para o Comité das Regiões, sendo que apenas dois deles representam as regiões autónomas, as quais estão representadas através dos presidentes dos governos regionais[116].

---

[114] Cfr. *supra* nº 3.3.4.

[115] Neste sentido, MARIA LUÍSA DUARTE, "União Europeia e Entidades Regionais...", p. 34 e 35.

[116] Cfr. Resolução nº 29/2009 do Conselho de Ministros, de 26 de novembro de 2009, publicada no *DR* 2ª Série, nº 241, de 15/12/2009, p. 50513.

Note-se que as regiões autónomas portuguesas, ao contrário do que sucede com entidades infraestaduais de outros Estados-Membros, nunca podem integrar o Conselho em representação do Estado Português – ainda que as matérias aí tratadas lhes digam exclusivamente respeito – na medida em que não têm poderes para vincular internacionalmente o Governo da República nem podem exercer o direito de voto, conforme requer o artigo 16º, nº 2, do TUE.

Em jeito de conclusão, pode afirmar-se que a representatividade regional nas instituições europeias se afigura diminuta. Por um lado, as regiões apenas dispõem de dois representantes no Comité das Regiões, o qual, embora tenha vindo a aumentar os seus poderes desde que foi criado, não tem qualquer poder de decisão. Por outro lado, as regiões não integram qualquer órgão decisório da União, o que se compreende à luz do princípio do Estado unitário. A integração do princípio autonómico no processo de construção europeia ocorre, portanto, pela via da participação e não pela via da decisão.

3.4.2. A participação nas relações internacionais

A) *As negociações de tratados e acordos internacionais e os benefícios deles decorrentes*

Tendo em consideração que os tratados e os acordos internacionais vinculam o Estado no seu todo – e não somente as regiões autónomas ou o continente – a sua negociação compete ao Governo no exercício das suas funções políticas (artigo 197º, nº 1, alínea *b)*, da CRP), de harmonia com a competência que lhe é atribuída para a condução da política externa.

Porém, **certos tratados e acordos internacionais podem ter repercussões especiais nas regiões e, por essa razão, lhes dizem diretamente respeito**. Nesse caso, nos termos do artigo 227º, nº 1, alínea *t)*, da CRP, estas devem participar nas negociações bem como nos benefícios deles decorrentes[117].

A participação das regiões autónomas é, portanto, independente do caráter solene ou simplificado da convenção internacional em causa, do

---

[117] Sobre a participação das regiões autónomas na atividade externa, cfr. ANTÓNIO MARTINEZ PUÑAL, "As regiões autónomas dos Açores...", p. 26 e ss.

número de partes, sejam acordos ou tratados bilaterais ou multilaterais, do facto de o tratado ser, ou não, constitutivo de uma organização internacional e ainda de o tratado ser originário ou de revisão de tratados ou acordos anteriores. Ponto é que o tratado ou o acordo internacional diga diretamente respeito à região autónoma, para que esta deva participar nas suas negociações.

Assim sendo, importa, pois, investigar o que se deve entender por **tratados ou acordos que digam diretamente respeito às regiões autónomas**, uma vez que a CRP se limita a enunciar o poder da região autónoma sem, todavia, proceder à concretização nem à densificação do seu âmbito material. Tal como já vimos suceder noutras situações, a Constituição utiliza a técnica da remissão para os **estatutos político-administrativos** de cada uma das regiões autónomas, pelo que há que apurar qual a solução que cada um deles preconiza a este propósito.

O **EPARAM** dedica um único preceito – **o artigo 95º** – às negociações de tratados e acordos internacionais. Segundo este preceito, a participação da Região nas negociações de tratados e acordos que lhe interessem especificamente realiza-se através da participação efetiva na delegação nacional que negociar o tratado ou acordo internacional bem como nas respetivas comissões de execução ou de fiscalização. Esta norma, tal como se verifica no artigo 89º relativo à audição, mantém a fórmula obsoleta do "interesse específico" como critério de participação da Região nas negociações dos tratados e acordos internacionais, o que se explica pelo facto de o EPARAM ainda não ter sido objeto de qualquer modificação após a revisão constitucional de 2004. De qualquer modo, pensamos que em próxima revisão do EPARAM – se e quando vier a ocorrer – esta fórmula tenderá a ser substituída por outra mais consentânea com a atual linguagem constitucional. Enquanto se mantiver, deverá ser alvo de uma interpretação atualista.

Acresce que o Estatuto estabelece, no **artigo 94º**, uma **enumeração exemplificativa** daquilo que designa como **matérias de direito internacional, geral ou comum**, que respeitam à Região, pelo que é legítimo colocar a questão de saber se aquela enumeração se aplica às negociações de tratados e acordos internacionais. Ou seja, constituem as matérias enunciadas no artigo 94º do EPARAM uma indicação do âmbito material da participação da Região nas negociações de tratados e acordos internacionais?

Note-se que se verifica neste preceito uma certa imprecisão terminológica, na medida em que, no sistema jurídico-constitucional português (e também no âmbito do direito internacional), a referência a matérias de direito internacional, geral ou comum, aponta num sentido preciso, qual seja o de remeter para o direito internacional consuetudinário geral. Porém, no caso em apreço, as matérias constantes das primeiras três alíneas do preceito não fazem, seguramente, parte desta fonte de direito internacional, pelo que o preceito não pode ser interpretado num sentido técnico-jurídico rigoroso. Antes se deve considerar que a enunciação prevista no artigo 94º do EPARAM tem em vista explicitar as áreas em que o Estatuto considera exigível a participação da Região no domínio direito internacional, aí se incluindo as negociações dos tratados e acordos internacionais.

Tendo em conta que se trata de uma enumeração exemplificativa, esta solução é perfeitamente harmonizável com a evolução que o direito internacional tem vindo a sofrer nas últimas duas décadas e com desenvolvimentos futuros. Ou seja, o artigo 94º do EPARAM não espartilha a participação da Região na negociação de tratados e acordos internacionais nas matérias que dele constam, nem nas matérias que, atualmente, integram o direito internacional.

O **EPARAA** também regula a matéria da participação da Região nas relações externas. Assim, **o artigo 121º, nº 1,** do EPARAA estabelece que a Região participa na determinação e condução da política externa da República quando estejam em causa matérias que lhe digam respeito. Ou seja, o âmbito de aplicação do preceito extravasa da mera participação nas negociações de tratados e acordos internacionais, abrangendo a política externa da República em geral.

O nº 2 do artigo 121º enuncia, exemplificativamente, as matérias que dizem respeito à Região, sendo que as constantes das alíneas *b)* e *c)* retomam os domínios constantes das alíneas *r)* e *s)* do artigo 227º, nº 1, da CRP, enquanto a alínea *a)* remete para a suscetibilidade de o tratado ou acordo internacional vir a ter implicações específicas nas atribuições e competências da Região. As restantes alíneas definem a matéria em função de um critério territorial, o que poderá querer significar que a interpretação, acima exposta, acerca do inciso "*digam respeito às regiões autónomas*" constante de vários preceitos da CRP (isto é, a participação da Região tem como limite o seu território), é assumida pelo próprio EPARAA.

Por último, o nº 3 do artigo 121º do EPARAA elenca os direitos da Região no domínio da participação na determinação e condução da política externa da República, de entre os quais se inclui a integração na delegação portuguesa, quer se destine a negociar tratados e acordos internacionais, quer se trate de outras negociações internacionais ou cimeiras (cfr. alínea *c)* do nº 2 do artigo 121º), o que não se encontra expressamente previsto na CRP. Por outras palavras, se em relação aos tratados e acordos internacionais, o preceito é claro, limitando-se a concretizar o estabelecido no artigo 227º, nº 1, alínea *t)* da CRP, o mesmo não se pode dizer da parte que menciona "*outras negociações internacionais e cimeiras*". Não se especificando de que **negociações internacionais e cimeiras** se trata, cabe ao intérprete determinar o seu conteúdo.

Em nosso entender, trata-se de negociações que decorram no seio, ou sob a égide, de organizações internacionais, como, por exemplo, a ONU, ou em cimeiras que, por razões várias, designadamente, a falta de acordo dos Estados que nelas participam, não culminam num tratado ou num acordo internacional, mas sim noutro tipo de fontes de direito internacional, tais como os vulgarmente designados atos de *soft law* não vinculativos (resoluções, recomendações, etc.).

Além disso, poderão ainda incluir-se os atos de direito derivado de organizações internacionais, ou seja, os atos aprovados pelos seus órgãos, os quais podem ser vinculativos para os Estados, ou não.

Atendendo à atual multiplicidade de relações que se estabelecem entre os sujeitos de direito internacional bem como à proliferação de fontes nesse domínio do Direito, o EPARAA pretende assegurar que a participação da Região se situe além dos tratados e acordos internacionais.

Resta saber se esta pretensão é compatível com a Lei Fundamental.

É certo que a **participação das regiões autónomas na negociação de outras fontes de direito internacional** não se encontra expressamente abrangida pela letra do artigo 227º, nº 1, alínea *t)*, da CRP. Porém, tendo em conta a técnica de distribuição de poderes entre o Estado e as regiões consagrada no artigo 227º, nº 1, da CRP – isto é, a técnica da remissão da definição dos poderes das regiões para os estatutos político-administrativos – a ausência de menção expressa não significa, necessariamente, a proibição de as regiões autónomas participarem. À partida, não se vislumbram razões para excluir a integração da Região na delegação portuguesa de *"outras negociações internacionais e cimeiras"*.

O mesmo raciocínio é aplicável aos atos unilaterais dependentes de uma norma convencional, dos quais se destacam a **adesão e a denúncia ou recesso**[118]. No que diz respeito à **adesão**, tendo em conta que estes atos estão intrinsecamente ligados a um tratado ou acordo internacional e implicam negociações, se as matérias sobre que incide o acordo ou tratado disserem diretamente respeito às regiões autónomas, os órgãos de governo regional devem participar nas negociações da adesão. E a isso não se opõe o artigo 227º, nº 1, alínea *t)*, CRP. Pelo contrário, as negociações de adesão a um tratado devem considerar-se, explicitamente, enquadradas no âmbito de aplicação do preceito.

Igual solução vale para a **denúncia e o recesso**, se estes implicarem algum tipo de negociação com as outras partes contratantes. Se a denúncia não depender de qualquer tipo de negociação, ou seja, se for um ato unilateral autónomo do Estado, então a obrigação de os órgãos de soberania ouvirem as regiões autónomas já não decorre do artigo 227º, nº 1, alínea *t)*, da CRP, mas antes do artigo 229º, nº 2, da CRP, se se tratar de questões respeitantes às regiões autónomas.

Já quanto às **reservas** a um tratado ou acordo internacional[119], tendo em conta o momento em que estas devem ser apostas ao tratado, parece-nos muito mais difícil a sua integração na previsão do artigo 227º, nº 1, alínea *t)*, da CRP. De acordo com o artigo 19º da Convenção de Viena sobre Direito dos Tratados de 1969, as reservas devem ser apostas antes da vinculação internacional do Estado (que opera, por exemplo, atra-

---

[118] Sobre estas figuras, cfr., entre muitos outros, NGUYEN QUOC DINH / PATRICK DAILLIER / MATHIAS FORTEAU / ALAIN PELLET, *Droit International Public*, 8ª ed., Paris, L.G.D.J., 2009, p. 194 e 337 e ss; ANDRÉ GONÇALVES PEREIRA / FAUSTO DE QUADROS, *Manual de Direito Internacional Público*, 3ª ed., Coimbra, Almedina, 1993, p. 229 e ss.

[119] Sobre o instituto das reservas, cfr., por todos, NGUYEN QUOC DINH / PATRICK DAILLIER / MATHIAS FORTEAU / ALAIN PELLET, *Droit International...*, p. 196 e ss.

vés da ratificação), mas sempre após concluída a fase das negociações e fixado o texto final do tratado ou do acordo. Ou seja, as reservas são apostas numa fase posterior à negociação dos tratados, pelo que, neste caso, o artigo 227º, nº 1, alínea t), da CRP não impõe a participação das regiões autónomas. Pode, contudo, ser chamado à colação o artigo 229º, nº 2, da CRP, o qual impõe a audição da Região, a título obrigatório, se o assunto sobre que incide a reserva for respeitante às regiões autónomas ou, a título facultativo, se assim não suceder.

O EPARAA não se pronuncia, expressamente, sobre a participação da Região no domínio da adesão, nem da denúncia ou recesso de um tratado ou acordo internacional, mas poderá considerar-se que estes dois casos se incluem na alínea c) do nº 3 do artigo 121º que tem vindo a ser objeto deste estudo.

O artigo 121º, nº 3, alíneas a) e b), do EPARAA estabelece ainda:

- a Região tem o **direito de requerer à República a celebração e a adesão a tratados e acordos internacionais** que se afigurem adequados à prossecução dos objetivos fundamentais da Região;
- a Região tem **direito a ser informada pela República** da negociação de tratados ou acordos internacionais.

A Região têm pois o direito de requerer à República a celebração e a adesão a tratados e acordos internacionais que se afigurem adequados à prossecução dos objetivos fundamentais da Região, mas não tem o direito de exigir a celebração de determinado tratado ou acordo internacional à República, pois este é um poder que, em exclusivo, cabe a esta última, nem de ser informada acerca da negociação de todos os tratados ou acordos internacionais. É certo que a região pode exigir participar nas negociações, quando os tratados ou acordos lhe disserem diretamente respeito, mas não nos parece que a Constituição – ainda que implicitamente – lhe confira qualquer direito a ser informada de todas as negociações em curso, na medida em que só tem direito de participar se os tratados e acordos internacionais lhe disserem, diretamente, respeito.

No fundo, estes dois direitos da Região fundamentam-se no princípio da cooperação leal entre a República e as regiões autónomas, pretendendo tornar mais operativa a alínea c) do nº 3 do artigo 121º, acima citada.

Em nosso entender, estão excluídos do artigo 227º, nº 1, alínea *t)*, da CRP – e por essa razão não são mencionados nos estatutos político-administrativos – os **atos jurídicos unilaterais autónomos**[120] do Estado Português, isto é, a notificação, o reconhecimento, o protesto, a renúncia e a promessa. Na verdade, estes atos consubstanciam decisões de política externa nacional que dificilmente poderão dizer diretamente respeito às regiões autónomas.

B) *A participação das regiões nos outros direitos ou prerrogativas do Estado*
Além do *jus tractum* (em sentido amplo) contam-se entre os **direitos e prerrogativas do Estado, como sujeito de direito internacional**, o *jus legationis*, o *jus belli*, o direito de pleitear em juízo e o direito de criar e participar em organizações internacionais, pelo que há que averiguar se as regiões autónomas podem, ou devem, participar quando está em causa o exercício de um destes direitos por parte da República Portuguesa.

Adiante-se, desde já, que a participação das regiões autónomas nestes direitos e prerrogativas do Estado está, à partida, excluída. Senão vejamos:

No diz respeito ao *jus legationis*, a competência para a nomeação de embaixadores e representantes extraordinários está prevista na alínea *b)* do artigo 135º da CRP. Sob proposta do Governo, compete ao PR nomear os embaixadores e os enviados extraordinários, não se prevendo, constitucionalmente, qualquer tipo de participação das regiões autónomas, o que se explica pela ausência de um interesse diverso do interesse nacional nestes domínios. Trata-se do exercício de funções que se situam no cerne da soberania, e, como tal, requer-se a intervenção dos respetivos órgãos (políticos). Em relação à **declaração de guerra**, a Constituição prevê, no artigo 135º, alínea *c)*, o seu procedimento assim como os seus pressupostos. A iniciativa é do Governo e a Assembleia da República tem competência de autorização. Após

---

[120] Sobre os atos unilaterais, cfr., entre muitos outros, NGUYEN QUOC DINH / PATRICK DAILLIER / MATHIAS FORTEAU / ALAIN PELLET, *Droit International...*, p. 393 e ss; JORGE MIRANDA, *Curso de Direito Internacional Público*, 4ª ed., Lisboa, Principia, 2009, p. 52 e ss; ANDRÉ GONÇALVES PEREIRA / FAUSTO DE QUADROS, *Manual de Direito Internacional ...*, p. 265 e ss.

audição do Conselho de Estado, a competência para declarar a guerra (e fazer a paz) é do Presidente da República.

A Constituição não prevê, nestes dois casos, qualquer intervenção das regiões autónomas, nem se afigura que a sua participação seja constitucionalmente admissível. Embora sobre questão diferente, o Tribunal Constitucional, em sede de fiscalização preventiva do Estatuto Político-Administrativo da Região Autónoma dos Açores, na redação dada pelo Decreto nº 217/X, já se pronunciou pela inconstitucionalidade da norma do artigo 114º, nº 3, que impunha ao Presidente da República a audição prévia à declaração de estado de sítio ou de emergência no território da região do Presidente da Assembleia Legislativa e do Presidente do Governo Regional. Os argumentos do Tribunal, nesse acórdão, são, em nosso entender, inteiramente transponíveis para a declaração de guerra e para a nomeação de embaixadores e de enviados extraordinários. Com efeito, *"as previsões constitucionais formam um bloco integrado, unindo e encadeando, em diferentes fases e em diferentes níveis, a intervenção dos três órgãos de soberania com funções políticas"*[121], pelo que não é de interligar o exercício de quaisquer eventuais competências genéricas com a regulação constitucional específica.

Mais controversa é a questão de saber se as regiões devem, ou podem, pronunciar-se em **processos judiciais ou arbitrais internacionais**, quando estes, por exemplo, tenham por base factos ocorridos no seu território. Imagine-se o caso de um atentado terrorista ocorrido no território das regiões autónomas. Ora, o **direito de pleitear em juízo** pertence ao Estado e não às regiões autónomas e, no âmbito do Estado, é exercido através do Governo ao nível do Ministério dos Negócios Estrangeiros[122]. Quando muito, é admissível que, na preparação do processo internacional, o Governo consulte as regiões autónomas, mas essa audição – a existir – será facultativa.

Relativamente à **participação do Estado Português em organizações internacionais**, a única referência que o texto constitucional

---

[121] Acórdão nº 402/08, de 29 de julho de 2008. Disponível em http://www.tribunalconstitucional.pt/tc/acordaos

[122] Cfr. artigo 2º da Lei Orgânica do Ministério dos Negócios Estrangeiros, aprovada pelo DL nº 204/2006, de 27 de outubro, *DR*, 1ª Série, Nº 208, de 27 de outubro de 2006.

lhe faz sedia-se no artigo 161º, alínea *i*), o qual estabelece que compete à Assembleia da República aprovar os tratados, designadamente, o de participação de Portugal em organizações internacionais.

Como vimos, as regiões autónomas participam ao nível da negociação destes tratados, tal como de quaisquer outros. Daqui não decorre, contudo, que elas tenham o direito de participar nas organizações internacionais propriamente ditas. Aliás, nem sequer são muito frequentes os casos em que as organizações internacionais admitem como membros entidades diferentes dos Estados.

O Tribunal Constitucional já teve ocasião de se pronunciar sobre a participação das regiões autónomas em organizações internacionais. No Acórdão nº 403/09, de 30 de julho de 2009, o Tribunal declarou a inconstitucionalidade, por violação conjugada dos artigos 6º, 7º, 110º, nº 2, 225º, nº 3, e 227º, nº 1, alínea *u*), da CRP, das normas do artigo 7º, alíneas *i*), e *j*), do EPARAA que estabeleciam, entre outros direitos da Região, para além dos enumerados no artigo 227º, nº 1, da Constituição, o de participar em organizações internacionais de diálogo e cooperação inter-regional.

O Tribunal considerou que a unidade de sentido da política externa, exigida pelo artigo 7º da CRP, só pode ser assegurada através da decisão dos órgãos de soberania que interpretam o interesse nacional, pelo que a participação das regiões autónomas em organizações internacionais se deve restringir aos casos e aos limites previstos na CRP, ou seja, às que tenham por objeto fomentar o diálogo e a cooperação inter-regional, nos termos do artigo 227º, nº 1, alínea *u*), da CRP. Neste caso, as regiões devem observar e atuar, *"de acordo com as orientações definidas pelos órgãos de soberania com competência em matéria de política externa"*. Os poderes conferidos pelo estatuto à região não devem afetar a integridade da soberania do Estado e devem ser exercidos no quadro da Constituição, conforme estipula o artigo 225º, nº 3, da CRP.

Sublinhe-se que as organizações de cooperação inter-regional não envolvem a transformação das regiões autónomas em sujeitos de direito internacional, uma vez que é uma cooperação com entidades, também elas, destituídas de personalidade jurídico-internacional[123].

---

[123] RUI MANUEL GENS DE MOURA RAMOS, *Da Comunidade internacional e do seu Direito – Estudos de Direito Internacional Público e Relações Internacionais*, Coimbra, Coimbra Editora, 1996, p. 206.

Diversamente deve ser encarada **a participação da Região nas representações portuguesas perante organizações internacionais** previsto no artigo 121º, nº 3, alínea *b)*, do EPARAM. Não se trata da participação da Região na organização internacional, mas antes da integração de elementos da Região nas representações do Estado Português em determinadas organizações internacionais. Ainda que essa participação não decorra diretamente da Constituição, ela ainda se pode configurar como uma forma mais eficaz de assegurar a audição das regiões nos assuntos que lhes digam respeito. Na prática, essa participação, nalguns casos, já existe.

4. O procedimento de participação

Chegados a este ponto, cumpre investigar o procedimento através do qual as regiões autónomas participam nos assuntos da República, o que se efetuará, de modo sucinto, desde logo, porque algumas questões já foram objeto de estudo nas páginas precedentes.

4.1. As modalidades de participação

Do que até aqui expusemos, pode inferir-se que a participação das regiões autónomas nos assuntos da República assume, fundamentalmente, três modalidades distintas:

a) A audição;
b) A designação de titulares de órgãos;
c) A designação de membros que integrem as delegações nacionais.

A primeira modalidade verifica-se, essencialmente, no domínio dos assuntos internos (embora, constitucionalmente, nada impeça que se possa equacionar no domínio dos assuntos externos, sejam eles europeus ou internacionais). As duas últimas modalidades ocorrem, sobretudo, no âmbito dos assuntos externos.

Este tema já foi objeto de estudo pormenorizado em *items* anteriores, pelo que, para evitar repetições inúteis, remetemos para o que atrás dissemos[124].

---

[124] Cfr. *supra* nºs 3.3. a 3.4.2.

4.2. Os sujeitos envolvidos na participação

Importa igualmente esclarecer quem participa e quem está sujeito à participação.

4.2.1. Do lado das regiões autónomas

Os órgãos de governo próprio das regiões autónomas são, nos termos do artigo 231º, nº 1, da Constituição, a Assembleia Legislativa e o Governo Regional, pelo que são estes dois órgãos que devem exercer o direito de participação, nos casos em que ele esteja constitucional, ou legalmente, previsto.

A Constituição não determina, contudo, expressamente, qual o órgão competente para participar do lado das regiões autónomas, antes remete para os estatutos político-administrativos da região autónoma (artigo 227º, nº 1, CRP).

Porém, não é indiferente, do ponto de vista constitucional, solicitar a participação à Assembleia Legislativa ou ao Governo Regional, na medida em que a Constituição estabelece o critério da repartição de competência entre os dois órgãos, em que ao primeiro cabe, predominantemente, a competência legislativa e ao segundo, essencialmente, a competência política e administrativa.

Cabendo aos **estatutos político-administrativos das regiões autónomas** o desenvolvimento das regras constitucionais de divisão de poderes entre os dois órgãos acima referidos, vejamos, pois o que cada um deles refere sobre este assunto.

No que diz respeito à **audição, o EPARAM limita-se a remeter para os órgãos competentes da Região sem mais especificações** (artigos 89º e seguintes). Ora, a competência da Assembleia Legislativa está prevista no artigo 36º e a do Governo Regional no artigo 69º. Estes preceitos não oferecem, contudo, elementos claros, precisos e suficientes que permitam aos órgãos de soberania descortinar, com segurança, qual o órgão de governo regional a que devem solicitar, por exemplo, o parecer, uma vez que ambos dispõem de competência para se pronunciarem perante os órgãos de soberania (cfr. alínea *u)* do artigo 69º quanto ao governo regional e alínea *i)* do artigo 36º, nº 1, no que diz respeito à Assembleia Legislativa).

Não se encontrando expressamente determinado qual o órgão, em concreto, que deve ser ouvido num determinado caso, competirá ao órgão de soberania decidir, casuisticamente, de acordo com a distribuição de competências constitucionalmente consagrada. O mesmo sucede relativamente à participação da Região nas relações internacionais (artigo 95º) e na integração europeia (artigo 96º).

Atentando na distribuição de competências entre os órgãos de governo regional consagrada na Constituição, nas questões de natureza legislativa deve ser ouvida a Assembleia Legislativa, enquanto nas questões de natureza política e administrativa deve intervir o Governo Regional[125]. Se houver algum caso em que a competência em causa esteja repartida entre os dois órgãos de governo regional, então deve ser requerida a intervenção de ambos.

O EPARAA é muito mais preciso quanto à repartição de competência entre os órgãos de governo regional neste domínio. Assim, segundo o EPARAA, o Governo Regional deve ser ouvido em matéria de competências políticas (artigo 115º) e de competências administrativas (artigo 117º), enquanto a Assembleia Legislativa deve exercer o direito de audição, no que diz respeito às matérias de competência legislativa (artigo 116º), incluindo no âmbito das iniciativas normativas da União (artigo 122º, nº 2, alínea *c*)). Por outro lado, a participação no domínio das relações internacionais é da competência do Governo Regional (artigo 121º, nº 1). Assim sendo, compete a este órgão participar nas negociações de tratados e acordos internacionais bem como no processo de construção europeia, exceto, neste último caso, quando se trate de participação no exercício de poderes legislativos cuja competência é da Assembleia Regional.

A distribuição de poderes entre os órgãos de governo regional consignada no EPARAA reflete, pois, a repartição constitucionalmente prevista.

Além dos estatutos político-administrativos, no que diz respeito à **audição**, releva ainda o artigo 4º da **Lei nº 40/96**, o qual estabelece que os órgãos de soberania ouvem quanto aos atos legislativos e regula-

---

[125] Cfr. Acórdão nº 246/86, de 23 de julho de 1986, acima citado.

mentares, as Assembleias Legislativas (alínea *a*)) e quanto às questões de natureza política e administrativa, o Governo Regional (alínea *b*)).

4.2.2. Do lado da República

Do lado da República estão sujeitos à participação os **órgãos de soberania, com exceção dos tribunais**, por força do seu estatuto jurídico--constitucional. Ou seja, teoricamente, o Presidente da República, a Assembleia da República e o Governo são os sujeitos passivos da participação das regiões autónomas nos assuntos da República, colocando--se, contudo, algumas dúvidas quanto à vinculação do Presidente da República a esta obrigação.

A) *O Presidente da República*

No passado, JORGE MIRANDA sustentou que *"mal se compreenderia que, quanto aos actos de competência do Presidente da República relativos às regiões autónomas, todos de grande importância – marcação do dia das eleições das Assembleias Legislativas Regionais, dissolução dos órgãos de governo próprio e nomeação e exoneração dos Ministros da República [art. 133º, alíneas b),j) e l)] – os respetivos órgãos não fossem ouvidos [a par do Conselho de Estado, conforme o art. 145º, alíneas a) e c), no tocante as estas duas últimas competências]"*[126], ainda que o Autor, já nessa altura, admitisse que *"a consulta a que está adstrito o Presidente não pode submeter-se à mesma disciplina da audição a cargo da Assembleia da República ou do Governo"*[127].

Recentemente, na sequência do Acórdão nº 402/2008 do Tribunal Constitucional, atrás citado, o Autor mudou de posição, tendo passado a defender que o Presidente da República não está obrigado a ouvir as regiões, nos casos em que o procedimento esteja especificamente previsto na Constituição[128].

Com efeito, como já atrás se referiu, o Tribunal Constitucional, em sede de fiscalização preventiva do EPARAA, na redação dada pelo

---

[126] JORGE MIRANDA, "Sobre a audição...", p. 785.

[127] JORGE MIRANDA, "Sobre a audição...", p. 785.

[128] JORGE MIRANDA, "A jurisprudência constitucional sobre as regiões autónomas", *in XXV anos de Jurisprudência Constitucional Portuguesa*, Coimbra, Coimbra Editora, 2009, p. 436.

Decreto nº 217/X, pronunciou-se pela inconstitucionalidade da norma do artigo 114º, nº 3, que impunha ao Presidente da República a audição prévia à declaração de estado de sítio ou de emergência no território da região do Presidente da Assembleia Legislativa e do Presidente do Governo Regional, com fundamento nos artigos 110º, nº 2, e 138º, nº 1, da CRP, o qual prevê um procedimento específico para este efeito que não integra a audição das regiões.

Note-se que o artigo 114º do EPARAA prevê, igualmente, a audição dos órgãos de governo regional pelo Presidente da República antes da marcação da data para a realização de eleições regionais ou de referendo regional. Tendo em conta que, nestes dois casos, a Constituição deixa ao legislador, designadamente, estatutário uma maior margem de discricionariedade, uma vez que, num caso e no outro, os trâmites a aplicar são, com as necessárias adaptações, os da marcação da data de eleições para a Assembleia da Republica e os do referendo nacional, respetivamente, numa primeira leitura nada parecia opor-se a essa audição. Porém, o facto de a iniciativa do referendo regional ser proveniente da Assembleia Legislativa da região autónoma exclui a utilidade da audição.

O Tribunal Constitucional já se pronunciou sobre esta questão no âmbito da fiscalização sucessiva de constitucionalidade do artigo 114º do EPARAA, o qual, invocando o artigo 229º, nº 2, da CRP, previa, expressamente, que os órgãos de governo regional deveriam ser ouvidos pelo Presidente da República antes da dissolução da Assembleia Legislativa e da marcação da data para a realização de eleições regionais ou de referendo regional, tendo reiterado a sua anterior Jurisprudência. O Tribunal Constitucional declarou, no Acórdão nº 403/2009, a inconstitucionalidade da norma do artigo 114º do EPARAA na parte em que impunha um dever de audição dos órgãos de governo regional antes da dissolução da Assembleia Legislativa da Região, por violação dos artigos 133º, alínea j), e 110º, nº 2, da CRP.

Com efeito, em caso de dissolução das Assembleias Legislativas das regiões autónomas, o artigo 133º, alínea j), da CRP impõe ao Presidente da República, única e exclusivamente, dois tipos de audição: a do Conselho de Estado e a dos partidos políticos representados naquelas Assembleias. Fazendo a competência dos órgãos de soberania parte da reserva de Constituição, nos termos do artigo 110º, nº 2, da CRP, está vedado à lei – ainda que seja uma lei de valor reforçado, como é o caso dos estatutos político-administrativos – introduzir trâmites adicionais no procedimento de dissolução das Assembleias Legislativas, na medida em que tal teria, necessariamente, como consequência a restrição dos poderes do Presidente da República constitucionalmente previstos.

Aliás, a posição dos órgãos regionais, neste domínio, já se encontra salvaguardada, através da representação pelos Presidentes dos governos regionais no Conselho de Estado e através da audição dos partidos representados na Assembleia Legislativa.

Assim sendo, apesar de o artigo 229º, nº 2, da CRP não excluir o Presidente da República dos órgãos de soberania sujeitos à audição das regiões autónomas, na realidade, esta disposição só poderá ser invocada quando não existirem normas específicas na Constituição que imponham outros procedimentos. Ora, no caso da dissolução das Assembleias Legislativas, essas normas existem, como se acaba de verificar, pelo que o artigo 229º, nº 2, da CRP deve ser afastado.

Antes de finalizar este ponto, deve esclarecer-se que o Presidente da República não está impedido de ouvir as regiões autónomas bem como qualquer entidade que entenda por conveniente. Pelo contrário, de modo análogo ao que sucede com a Assembleia da República e com o Governo, poderá sempre fazê-lo.

B) *A Assembleia da República e o Governo*
Os órgãos de soberania, por excelência, sujeitos à participação das regiões autónomas são a **Assembleia da República e o Governo**, como, aliás, decorre dos seus regimentos.

Assim, o **Regimento da Assembleia da República** prevê a participação das regiões autónomas nas seguintes situações:

a) ao nível da audição dos órgãos de governo próprio das regiões autónomas (cfr. artigo 142º[129]);

---

[129] O artigo 142º do Regimento estabelece o seguinte:
"Tratando-se de iniciativa que verse matéria respeitante às regiões autónomas, o Presidente da Assembleia promove a sua apreciação pelos órgãos de governo próprio das regiões autónomas, para os efeitos do disposto no nº 2 do artigo 229º da Constituição".

b) no plano da audição específica em matéria de estatutos político-administrativos e de lei eleitoral dos Deputados das Assembleias Legislativas das regiões autónomas[130].

Tal como se verificou no passado[131], o **Regimento do Conselho de Ministros do XIX Governo Constitucional**, aprovado pela Resolução nº 29/2011, de 11/7/2011[132], prevê igualmente a audição das regiões autónomas – única modalidade através da qual as regiões autónomas exprimem a sua opinião perante o Governo. Nos termos do nº 23.2. do Anexo ao referido Regimento a iniciativa da audição prévia dos órgãos de governo próprio das Regiões Autónomas compete à Presidência do Conselho de Ministros.

4.3. As formas de participação
4.3.1. Audição das regiões autónomas
A audição das regiões autónomas nos assuntos da República pode revestir a **forma escrita** – que é a mais comum – ou a **forma oral**, nos

---

[130] O artigo 164º estipula:
"1 – A iniciativa legislativa em matéria de estatutos político-administrativos das regiões autónomas compete exclusivamente às respectivas Assembleias Legislativas, nos termos do artigo 226º da Constituição.
2 – Podem apresentar propostas de alteração as Assembleias Legislativas das regiões autónomas, os Deputados e o Governo."
O artigo 167º estabelece que:
"1 – Se o projeto de estatuto for aprovado com alterações ou rejeitado, é remetido à respectiva Assembleia Legislativa da região autónoma para apreciação e emissão de parecer.
2 – Depois de recebido, o parecer da Assembleia Legislativa da região autónoma é submetido à comissão parlamentar competente da Assembleia da República.
3 – As sugestões de alteração eventualmente contidas no parecer da Assembleia Legislativa da região autónoma podem ser incluídas em texto de substituição ou ser objeto de propostas de alteração a apresentar ao Plenário.
4 – A Assembleia da República procede à discussão e deliberação final."
[131] O Regimento do Conselho de Ministros do anterior Governo Constitucional, aprovado pela Resolução nº 77/2010, de 23/9/2010, previa igualmente a participação das regiões autónomas através do procedimento de audição. Nos termos do artigo 26º, nº 1, do referido Regimento, a iniciativa da audição prévia dos órgãos de governo próprio das Regiões Autónomas competia ao Secretário de Estado da Presidência do Conselho de Ministros.
[132] *DR*, 1ª Série, Nº 131, de 11 de julho de 2011.

casos, por exemplo, de especial urgência, a qual é, expressamente, admitida no artigo 118º, nº 2, do EPARAA. Pelo contrário, o EPARAM apenas refere a forma escrita, através de **parecer fundamentado** (artigo 90º, nº 2), ainda que aceite que, por acordo, se possam admitir outras formas complementares de participação (artigo 91º) entre os órgãos de soberania e os órgãos de governo próprio da Região. Não se exclui, portanto, a forma oral.

Estes pareceres podem ser especialmente emitidos para o efeito, ou não.

Note-se, por último, que se a solicitação do parecer traduz, com frequência, um dever do órgão de soberania, já a região pode deixar expirar os prazos – quer estejam legalmente previstos quer tenham sido estabelecidos pelos órgãos de soberania – sem exercer o direito de emitir o parecer. Ou seja, ao dever do órgão de soberania de solicitar o parecer não corresponde do lado da região autónoma um concomitante dever de emissão do mesmo.

4.3.2. Construção europeia e relações externas
Quanto à participação na construção europeia e nas relações externas em geral, a forma de participação é, antes de mais, presencial. Quer o EPARAM (artigos 95º e 96º) quer o EPARAA (artigo 121º, nº 3, alíneas *a)* e *c)*) contêm normas neste sentido, que já foram previamente estudadas[133].

4.4. O momento da participação
O momento da participação encerra alguns aspetos controversos e desdobra-se em **duas sub-questões** que, embora, distintas, se apresentam intimamente relacionadas:

a) o prazo em que deve ocorrer a participação;
b) o momento do *iter* procedimental em que deve ser incluída a participação.

---

[133] Cfr. *supra* nºs 3.4. a 3.4.2.

4.4.1. O prazo

Quanto à primeira temática, **a Constituição nada diz sobre os prazos** dentro dos quais os órgãos das regiões autónomas devem participar nos assuntos da República nem sobre os prazos que os órgãos de soberania devem respeitar quando solicitam a intervenção das regiões.

Do lado das regiões autónomas, somente o **EPARAA** prevê prazos mínimos dentro dos quais os órgãos de governo regional se devem pronunciar. Segundo o artigo 118º, nº 4, no caso de se tratar do Governo Regional, esse prazo é de 15 dias e se o órgão competente for a Assembleia Legislativa, então o prazo será de 20 dias. Em situações de manifesta urgência, ou quando tal se justifique, estes prazos podem ser encurtados (cfr. nº 2 do mesmo dispositivo estatutário).

O **EPARAM** é completamente omisso quanto a este assunto.

Do lado dos órgãos de soberania, o Regimento da **Assembleia da República** limita-se a afirmar, no seu artigo 142º, que se se tratar de iniciativa legislativa que verse sobre matéria respeitante às regiões autónomas, o Presidente da Assembleia deve promover a sua apreciação pelos órgãos de governo próprio das regiões autónomas, para os efeitos do disposto no nº 2 do artigo 229º da Constituição, sem menção de qualquer prazo para esse efeito nem do momento do *iter* procedimental em que essa promoção deve ser efetuada.

Quanto ao **Governo**, o Regimento do Conselho de Ministros, atrás citado, contém normas relativas aos prazos em que se deve solicitar a audição. Assim, o ponto nº 23.3. do Anexo daquele diploma estabelece que, no que respeita à Região Autónoma dos Açores, o prazo de audição de 20 ou 15 dias, consoante o órgão que se deva pronunciar seja a Assembleia Legislativa da Região Autónoma ou o Governo Regional. Em caso de urgência, esses prazos são limitados para 10 dias. No que tange à Região Autónoma da Madeira, o prazo de audição é de 15 ou 10 dias, consoante o órgão que se deva pronunciar seja a Assembleia Legislativa da Região Autónoma ou o Governo Regional, respetivamente. O ponto nº 23.4. do referido Anexo acrescenta que, em caso de urgência, esses prazos são reduzidos para 8 dias.

Por último, refira-se que o artigo 6º da **Lei nº 40/96**, acima citada, estabelece um prazo geral e subsidiário de 15 ou de 10 dias para a emissão dos pareceres por parte da Região Autónoma, consoante ele deva ser emitido pela Assembleia Legislativa ou pelo Governo Regional, sem prejuízo de prazos especialmente previstos noutros diplomas.

Note-se que, não se tratando de prazos, constitucionalmente, fixados, o seu exclusivo incumprimento não conduzirá à inconstitucionalidade das normas aprovadas em sua violação.

Não obstante a ausência de prazos consagrados na Constituição, quanto à participação das regiões autónomas nos assuntos da República, a verdade é que **os critérios para o seu estabelecimento se podem inferir da Constituição**. A primeira regra a observar deverá ser, necessariamente, a da **razoabilidade**, o que, de resto, tem vindo a ser afirmado pelo Tribunal Constitucional em vários acórdãos[134] e a segunda regra deverá ser a da **utilidade** da participação, ou seja, o juízo ou opinião do órgão de governo regional deve ser solicitado a tempo de ser emitido de modo a que possa ser levado em conta na decisão final.

Esta questão encontra-se intimamente relacionada com o concreto procedimento de decisão do órgão de soberania, o qual vai ser objeto de estudo no *item* seguinte.

4.4.2. O momento no *iter* procedimental

Considerando que os prazos são estabelecidos pelo órgão de soberania que solicita a intervenção do órgão regional em função da utilidade que essa intervenção possa vir a ter no procedimento em curso, não faria sentido, por um lado, que os prazos estabelecidos fossem tão curtos que tornassem inviável a pronúncia dos órgãos regionais com o mínimo de ponderação nem que, por outro lado, fossem de tal modo dilatados que a participação ocorreria num momento em que a decisão final já se encontraria adotada, pelo que não seria suscetível de a influenciar.

---

[134] Cfr. Acórdão nº 403/89 em que o TC declarou o "direito da região a que o órgão de soberania competente só possa pronunciar-se depois de ter conhecimento do parecer regional, desde que este lhe seja acessível em prazo razoável". Cfr. igualmente Acórdão nº 670/99, já citado, no qual se considerou como razoável um prazo de 15 dias constante do artigo 6º da Lei nº 40/96 e Acórdão nº 529/01, no qual se decidiu que a redução do prazo, em caso de urgência, também é aceitável, por ser a única solução que permitirá, em situações especiais, conciliar a "necessidade" (ou "razão") do Estado com o princípio do artigo 229º, nº 2, da CRP.

DESENVOLVIMENTO DA LIÇÃO

Por estes motivos, as regras de determinação dos prazos para ouvir os órgãos das regiões autónomas devem igualmente ter em conta o concreto procedimento de decisão do órgão de soberania.

A) *Assembleia da República*
Assim, no caso da **Assembleia da República**, independentemente do prazo, ou seja, do número de dias de que os órgãos regionais dispõem para elaborar o seu parecer, é importante saber em que fase do procedimento legislativo deve este órgão de soberania solicitar o parecer das regiões autónomas. Referindo-nos apenas ao procedimento legislativo comum, diremos que, dependendo da amplitude e da complexidade da consulta, o dever de audição constitucionalmente consagrado só se pode considerar, verdadeiramente, cumprido, se o parecer for solicitado em tempo que permita ao órgão de soberania levá-lo em conta. Assim, se a audição incidir sobre a totalidade de uma proposta ou de um projeto (o que raramente se verifica), o parecer deve ser solicitado antes da votação na generalidade, pois é aí que se discutem os princípios e o sistema de cada projeto ou proposta de lei (artigo 147º, nº 1, do Regimento da AR). Pelo contrário, se a audição incidir sobre questões específicas que só vão ser discutidas e votadas na especialidade, em Comissão, ou em Plenário, então será esse o momento relevante para efeitos da fixação do prazo razoável[135].

Já assim não será se o prazo estabelecido conduzir a que o parecer seja rececionado pela Assembleia da República somente antes da votação final global, como decidiu o Tribunal Constitucional, no Acórdão nº 529/01, de 14 de dezembro de 2001[136], e muito menos depois dela.

Em suma, tal como afirma o Tribunal Constitucional, no Acórdão nº 581/2007, de 21 de novembro de 2007[137], *"o que importa, como condição*

---

[135] Cfr. Acórdão nº 670/99 já citado, em que o Tribunal considerou que, não incidindo a audição sobre a totalidade da proposta nem sobre os princípios nela consignado, se o parecer houvesse sido emitido antes da discussão e votação na especialidade da proposta ainda poderia ter sido considerado na sua aprovação final. Esta Jurisprudência foi, recentemente, reafirmada, no Acórdão nº 256/08, de 25 de junho de 2008, *DR* 1ª Série, Nº 140, de 22 de julho de 2008, p. 4561 e ss.
[136] Disponível em http://www.tribunalconstitucional.pt/tc/acordaos
[137] *DR*, 2ª Série, nº 5, de 8 de janeiro de 2008.

infringível da compatibilidade constitucional dos termos em que foi dado cumprimento ao dever de audição, é que a consulta se faça com a antecedência suficiente sobre aquela data, por forma a propiciar ao órgão regional o tempo necessário para um estudo e ponderação das implicações, para os interesses regionais, dos preceitos em causa".

Além disso, para que se considere cumprido o dever de audição por parte do órgão de soberania não basta que este tenha praticado os atos ou diligências destinados a desencadear a consulta[138], é ainda necessário que o órgão regional destinatário da solicitação tenha recebido a mensagem a tempo de, efetivamente, se poder pronunciar.

B) *Governo*

O ponto 23.5 do Anexo do **Regimento do Conselho de Ministros do XIX Governo Constitucional**, acima citado, estabelece que as consultas diretas podem ser promovidas após apreciação inicial do projeto em reunião de Secretários de Estado ou do Conselho de Ministros, designadamente, quando estejam em causa procedimentos de participação. Tal como sucedia com o Regimento do Conselho de Ministros do anterior Governo[139], esta norma parece aplicar-se igualmente à audição das regiões autónomas, o que coloca a questão da sua conformidade com a Constituição, na medida em que sempre se pode argumentar que, se os projetos forem aprovados na generalidade antes de decorrido o prazo da audição, esta tornar-se-á inútil, violando, por conseguinte, os artigos 227º, nº 1, alínea *v*), e 229º, nº 2, da CRP.

Foi, de resto, este o entendimento sustentado pela Assembleia Legislativa da Madeira perante o Tribunal Constitucional relativamente a uma norma, com alguma similitude, constante do Regimento do Conselho de Ministros do XVII Governo Constitucional – o artigo 19º, nº 5 – num processo de fiscalização sucessiva abstrata da constitucionalidade.

---

[138] Cfr. Acórdão nº 529/01, acima citado.

[139] O artigo 29º do Regimento do Conselho de Ministros do XVIII Governo Constitucional, já citado, relativo ao procedimento comum da consulta direta estabelecia no seu nº 3 que *"quando tal se justifique, podem os projectos ser submetidos a Conselho de Ministros, para aprovação na generalidade, antes de decorrido o prazo aplicável para a consulta, ficando a aprovação final dependente da emissão de parecer ou do transcurso desse prazo"*.

Em sentido contrário, decidiu o Tribunal Constitucional, no Acórdão nº 130/2006, ou seja, no sentido da sua não inconstitucionalidade, por considerar que até à aprovação final em Conselho de Ministros *"tudo é ainda ponderável e discutível"*, sendo possível discutir a pronúncia das regiões autónomas, incluindo sobre *"matérias respeitantes à decisão de legislar e aos princípios e sistema do projecto em causa, podendo reiniciar-se a discussão à luz dos novos dados trazidos pela participação das regiões autónomas"*[140].

Por último, note-se que o direito de audição só pode ser verdadeiramente exercido se o órgão regional tiver um acesso amplo à informação. Daí que a lei (cfr. artigo 5º da **Lei nº 40/96**) – e não já a Constituição – preveja um dever de o órgão de soberania, com o pedido de consulta, remeter elementos, como trabalhos preparatórios e outra informação relevante para habilitar os órgãos de governo das regiões autónomas a pronunciarem-se com pleno conhecimento do que está em jogo.

5. A patologia da participação

Uma vez realizado o estudo relativo à fisiologia da participação, cumpre investigar quais são as consequências, isto é, **quais os vícios de que enferma o ato, seja ele interno ou externo, adotado pelos órgãos de soberania sem a participação das regiões autónomas, ou com uma participação deficiente**, quando essa participação é obrigatória. Por outras palavras, importa averiguar quais as **consequências jurídicas da falta, da insuficiência ou do excesso de participação das regiões autónomas**.

Recorde-se que a concretização constitucional dos diversos poderes de participação das regiões autónomas não é de todo idêntica. Enquanto nuns casos a CRP não deixa, praticamente, margem de manobra ao legislador democrático, noutros casos, essa margem de manobra é muito ampla[141], pelo que este poderá escolher uma de entre várias opções possíveis.

---

[140] Acórdão nº 130/2006, de 14 de fevereiro de 2006, *DR*, II Série, nº 74, de 13 de abril de 2006, p. 5630 e ss. Para um comentário a este acórdão, cfr. ALEXANDRE SOUSA PINHEIRO, "Audições das regiões autónomas...", p. 35 e ss.

[141] RUI MEDEIROS, "Anotação ao artigo 227º", *in* JORGE MIRANDA / RUI MEDEIROS, *Constituição...*, p. 332.

Independentemente da questão de saber se a concretização das normas constitucionais, neste domínio, faz parte, ou não, da reserva estatutária, as normas dos estatutos político-administrativos das regiões autónomas relativas aos poderes de participação das regiões autónomas devem ser igualmente levadas em linha de conta para aferir dos vícios dos atos, se estes não integrarem a participação das regiões quando ela é devida, na medida em que o legislador ordinário não se poderá delas afastar.

5.1. A falta total de participação

A falta total de participação das regiões autónomas vicia o ato, nos casos em que é constitucionalmente obrigatória. Se for facultativa, pela natureza das coisas, o ato não sofrerá de nenhum vício que lhe possa ser imputado.

A **falta total de participação tanto pode ocorrer no domínio dos assuntos internos como no dos assuntos externos do Estado.** Tendo em conta que as consequências jurídicas não têm de ser necessariamente idênticas, importa estudar separadamente as duas situações.

5.1.1. Nos assuntos internos do Estado

Como **exemplos** de falta total de participação nos assuntos internos podemos elencar os seguintes:

a) Em violação dos artigos 227º, nº 1, alínea *v*), 1ª parte, e 229º, nº 2, da CRP, os órgãos de soberania aprovam atos ou normas, sem previamente solicitarem parecer aos órgãos de governo regional e sem sequer os ouvirem, ainda que oralmente;

b) Ao arrepio dos nºs 2 e 4 do artigo 226º CRP, a Assembleia da República introduz alterações aos projetos de estatutos político-administrativo das regiões autónomas ou de alterações aos mesmos ou ainda da lei eleitoral dos deputados à Assembleia Legislativa ou suas alterações sem remeter o novo texto à Assembleia Legislativa para a respetiva apreciação e emissão de parecer;

c) Ao contrário do que preveem as alíneas *p*), *in fine*, e *r*), do nº 1 do artigo 227º CRP, relativas à participação na elaboração dos planos nacionais, na definição e execução das políticas fiscal, monetária, financeira e cambial, na definição das políticas respeitantes às águas territoriais, zona económica exclusiva e fundos marinhos contíguos, o órgão de soberania competente toma todas as medidas relacionadas com estas matérias sem informar nem solicitar qualquer tipo de intervenção aos órgãos das regiões autónomas.

Se se verificar alguma das situações acabadas de enunciar que consequências jurídicas daí advêm?

A resposta a esta questão implica distinguir os casos apontados nas alíneas *a)* e *b)* do caso referido na alínea *c)*, na medida em que o grau de concretização constitucional dos poderes de participação é, nos dois primeiros exemplos, muito maior.

A) *O caso dos poderes de participação constitucionalmente concretizados*
Em primeiro lugar, cumpre notar que se os exemplos das alíneas *a)* e b), acima referidos, consubstanciam uma violação de duas modalidades diferentes de audição obrigatória – genérica e específica –, quer num caso quer noutro, as normas constitucionais definem, de forma clara e precisa, o modo como os poderes de participação das regiões autónomas devem ser exercidos, pelo que essas normas são diretamente aplicáveis. Daqui decorre que se os órgãos de soberania adotarem normas sem a intervenção das regiões autónomas constitucionalmente prevista, essas normas estarão, inexoravelmente, feridas de inconstitucionalidade.

Por outras palavras, no caso de violação do pressuposto formal da audição das regiões autónomas, previsto nos artigos 227º, nº 1, alínea *v)*, 1ª parte, e 229º, nº 2, da CRP, e no caso de a Assembleia da República rejeitar ou introduzir alterações aos projetos de estatuto político-administrativo da região autónoma ou de lei eleitoral dos Deputados às Assembleias Legislativas, sem as remeter à Assembleia Legislativa para a respetiva apreciação e emissão de parecer, como impõe o artigo 226º, nºs 2 e 4, da CRP, as normas neles contidas estarão igualmente feridas de inconstitucionalidade.

B) *O caso dos poderes de participação sem concretização constitucional*
Ao contrário do que sucede nos dois exemplos acabados de estudar, a participação das regiões autónomas na elaboração dos planos nacionais,

na definição e execução das políticas fiscal, monetária, financeira e cambial, na definição das políticas respeitantes às águas territoriais, zona económica exclusiva e fundos marinhos contíguos carece de concretização constitucional, pelo que importa averiguar se a **ausência total de intervenção** das regiões conduz igualmente à inconstitucionalidade do ato adotado pelo órgão de soberania.

Em nosso entender, apesar de se tratar de matérias em relação às quais a Lei Fundamental não especifica as modalidades de participação das regiões autónomas, remetendo essa tarefa para os estatutos, a falta total de participação das mesmas deve ainda configurar-se como uma desconformidade com a Constituição, na medida em que a obrigação de participação das regiões, nestes domínios, está, de tal modo, consagrada constitucionalmente que vincula, direta e imediatamente, os órgãos de soberania. O que deve ser definido pelos estatutos são as modalidades da participação e não a obrigatoriedade da mesma. Essa decorre diretamente da Constituição. Donde resulta que as normas relativas a estas matérias adotadas sem que a opinião das regiões tenha sido, de algum modo, auscultada, estarão viciadas de inconstitucionalidade.

5.1.2. Nos assuntos externos do Estado

Como já atrás mencionámos, as regiões autónomas participam nos assuntos externos do Estado a dois níveis: no processo de construção europeia e nas relações internacionais. A falta total de intervenção das mesmas é suscetível de ocorrer tanto num caso como noutro. Já as consequências que daí advirão não são necessariamente idênticas nem equiparáveis às que ocorrem quando se trate de participação das regiões autónomas ao nível dos assuntos internos.

Antes de avançar – e com o intuito de tornar mais percetível o problema em análise – equacionemos alguns **exemplos de falta total de participação das regiões autónomas no domínio dos assuntos externos do Estado**:

a) Em desconformidade com o artigo 227º, nº 1, alínea x), da CRP, as regiões autónomas não estão representadas nas respetivas instituições comunitárias nem nas delegações envolvidas no processo de decisão da União;

b) Em violação do artigo 227º, nº 1, alínea *v)*, 2ª parte, os órgãos de soberania não ouvem as regiões autónomas na definição das posições do Estado Português no âmbito do processo de construção europeia;

c) Ao contrário do que estabelece o artigo 227º, nº 1, alínea *t)*, da CRP, o órgão de soberania competente para negociar tratados e acordos internacionais – o Governo – inicia negociações de um determinado tratado ou acordo internacional sem sequer informar as regiões autónomas nem tomar quaisquer providências no sentido de as regiões poderem, de algum modo, manifestar a sua opinião em relação ao que está a ser negociado.

Tendo em conta que os dois primeiros exemplos dizem respeito à falta de participação das regiões autónomas no processo de construção europeia enquanto o terceiro se relaciona com a falta de participação nos assuntos internacionais, vamos tratá-los separadamente, dado que não se afigura credível que comunguem das mesmas consequências jurídicas.

A) *Processo de construção europeia*

Comecemos pelos exemplos que dizem respeito ao processo de construção europeia, isto é, os que foram apontados nas alíneas *a)* e *b)* – as regiões autónomas **não estão representadas nas instituições europeias nem nas delegações envolvidas em processos de decisão da União Europeia**.

Com efeito, o poder de as regiões autónomas participarem no processo de construção europeia está, nestas duas hipóteses, previsto, e suficientemente concretizado, na Constituição (artigo 227º, nº 1, alínea *x)*, da CRP). Porém, a efetivação de uma eventual fiscalização da constitucionalidade de um ato do Estado Português que não inclua representantes das regiões autónomas, por exemplo, no que diz respeito à designação dos titulares do Comité das Regiões, afigura-se, de um ponto de vista prático, impossível, porque um ato deste tipo dificilmente conterá normas. Ora, do ponto de vista do direito constitucional português, o sistema de fiscalização da constitucionalidade concebido pela Constituição incide somente sobre normas (artigo 277º, nº 1, CRP).

Raciocínio idêntico é aplicável a um eventual ato de Direito interno que designe os representantes das delegações envolvidas nos processos de decisão da União Europeia, que não inclua representantes das regiões.

Acrescente-se ainda que tal solução é, por maioria de razão, válida, se essa exclusão não resultar de um ato de Direito interno, mas antes da prática habitualmente seguida neste domínio.

Em suma, ainda que se verifique uma imposição constitucionalmente consagrada, a sua violação dificilmente acarretará uma sanção do ponto de vista jurídico-constitucional.

As dificuldades inerentes à falta de participação das regiões autónomas no domínio do processo de construção europeia não se ficam, contudo, por aqui. Os exemplos mencionados são tributários de uma complexidade acrescida que se prende com a potencial aplicação – a par da ordem jurídica constitucional – da ordem jurídica da União Europeia. Ou seja, a falta de participação das regiões autónomas no processo de construção europeia constitucionalmente consagrada pode ter, pelo menos, em tese, algumas repercussões no domínio do Direito da União Europeia.

Senão vejamos:

1ª) A validade dos atos ou normas adotados pelos órgãos competentes da União é suscetível de ser afetada por estes atos ou omissões internos? Por outras palavras, a validade dos atos ou normas adotados pelos órgãos competentes da União é afetada pelo facto de a composição do Comité das Regiões ou a composição das delegações nacionais envolvidas nos processos de decisão da União Europeia não respeitarem os Direitos Constitucionais dos Estados-Membros? Do ponto de vista do Direito da União Europeia, os pareceres emitidos pelo Comité das Regiões, com ausência da representação regional portuguesa, são plenamente válidos? A falta da representação regional na delegação portuguesa, no âmbito do Conselho ou nos grupos de trabalho da Comissão, é apta a afetar a validade dos regulamentos, das diretivas e das decisões ou de outros atos de direito derivado adotados pelo Parlamento Europeu e pelo Conselho, pelo Conselho ou pela Comissão, ao abrigo das normas do TUE e do TFUE?

Em nosso entender, verifica-se aqui uma situação paralela à que ocorre com a violação de normas constitucionais relativas ao processo de vinculação internacional do Estado Português, que será estudada mais adiante, mas com uma diferença que não é de somenos importância: as violações do Direito interno – ainda que se trate de direito constitucional – não são oponíveis aos órgãos da União Europeia, incluindo ao Tribunal de Justiça, porque a tal se opõe a repartição de atribuições entre os Tribunais da União Europeia e os dos Estados-Membros bem como a autonomia das duas Ordens Jurídicas. Com efeito, o Tribunal de Justiça da União Europeia não é um tribunal hierarquicamente superior aos tribunais nacionais, pelo que, tendo a sua competência delimitada nos Tratados (artigo 19º TFUE), ela não inclui o poder de anulação dos atos internos dos Estados, ainda que contrários ao Direito da União Europeia.

Assim, sendo a indicação dos titulares dos órgãos da União Europeia um processo que opera a dois níveis – interno e europeu – apenas os vícios que, eventualmente, ocorram neste último, poderão ser invocados perante os órgãos da União Europeia.

2ª) Os tribunais nacionais poderão desaplicar um regulamento, uma diretiva ou uma decisão, por violação do parâmetro constitucional acima referido, ou seja, o artigo 227º, nº 1, alínea *x*), da CRP?

Em nosso entender, a resposta a esta questão também só pode ser negativa, por razões que se prendem, por um lado, com o **Direito da União Europeia** e, por outro lado, com o **direito constitucional português**.

Segundo **o Direito da União Europeia**, não compete aos tribunais nacionais aferir da validade do direito derivado da União Europeia, tal como o Tribunal de Justiça afirmou, no caso *Foto-Frost*[142], e reafirmou,

---

[142] Acórdão de 22/10/87, *Foto-Frost*, Proc. 314/85, Col. 1987, p. 4199, 4225. O Tribunal de Justiça considerou que todos os tribunais nacionais – e não apenas os que julgavam, em última instância – que, eventualmente, tenham dúvidas quanto à validade de um ato comunitário, por força do antigo artigo 234º TCE, estão obrigados a suscitar uma questão prejudicial. Seriam, no entanto, competentes para considerarem o ato como válido e rejeitarem as causas de invalidade invocadas.

nomeadamente, nos casos *Zuckerfabrik*[143] e *Bakers of nailsea*[144]. O tribunal nacional, de acordo com esta Jurisprudência, deve suscitar uma questão prejudicial ao Tribunal de Justiça, nos termos do artigo 267º TFUE (ex-artigo 234º TCE), o qual se pronunciará no sentido da validade ou da invalidade do ato em apreço. Ao tribunal nacional competirá aplicar o direito derivado da União Europeia ao caso concreto, com respeito pela pronúncia do Tribunal de Justiça.

De acordo com **o direito constitucional português**, o artigo 8º, nº 4, da CRP, que resulta *"de uma "decisão constituinte" do povo português, formalizada numa lei de revisão nos termos constitucionalmente previstos"*, tal como afirmam J. J. GOMES CANOTILHO e VITAL MOREIRA[145], estabelece que as disposições dos tratados que regem a União Europeia e as normas emanadas das instituições da União Europeia, no exercício das suas competências, são aplicáveis na ordem interna, nos termos definidos pelo Direito da União Europeia, com respeito pelos princípios fundamentais do Estado de Direito Democrático.

Ora, não havendo conflito entre as normas da União Europeia e os princípios constitucionais do Estado de Direito Democrático português – como seria o caso – é a própria Constituição que impõe que a última palavra, quanto à validade dos atos de direito derivado da União, se encontre reservada ao Tribunal de Justiça, por força da Jurisprudência acabada de citar.

E nem se invoque Jurisprudência de Tribunais Constitucionais de outros Estados-Membros em sentido eventualmente contrário, porque,

---

Os argumentos aduzidos pelo TJ, para chegar a esta conclusão, foram, fundamentalmente, a necessidade de aplicação uniforme do direito comunitário, a coesão do sistema de proteção jurisdicional da Comunidade – a apreciação de validade dos atos comunitários é uma modalidade de controlo da legalidade instituída pelo Tratado, tal como o recurso de anulação ou a exceção de ilegalidade – e, como tal, deve ser da competência exclusiva do TJ e ainda a natureza do processo e a sua aptidão para facilitar uma adequada apreciação de validade. Por outras palavras, a maior segurança jurídica, o reforço do princípio da legalidade e uma mais sólida garantia dos direitos dos particulares foram as principais razões que levaram o Tribunal de Justiça a decidir neste sentido.

[143] Acórdão de 21/2/91, procs. C-143/88 e C-92/89, Col. 1991, p. I-534 e ss.

[144] Acórdão de 15/4/97, proc. C-27/95, Col. 1997, p. I-1847 e ss.

[145] J. J. GOMES CANOTILHO / VITAL MOREIRA, "Anotação ao artigo 8º", *in CRP...*, p. 265.

no caso português, esta conclusão é a que resulta da própria Constituição após a revisão de 2004, por força do nº 4 no artigo 8º da CRP.

Nas palavras de J. J. GOMES CANOTILHO e VITAL MOREIRA, este preceito *"localiza a <u>regra de colisão</u> entre o direito da União e o direito interno no plano do direito constitucional português, podendo dizer-se que a aceitação do primado da ordem jurídica da União resulta de uma "decisão constituinte" do povo português, formalizada numa lei de revisão nos termos constitucionalmente previstos"*[146].

Se assim se não entender, então há que invocar o lugar paralelo do artigo 277º, nº 2, da CRP, ou seja, esta eventual inconstitucionalidade não conduziria à invalidade do ato normativo, mas sim à sua irregularidade.

B) *Nos assuntos internacionais*

A **ausência total de participação das regiões nas negociações de tratados e acordos internacionais conduz também à inconstitucionalidade**, apesar de a densificação constitucional se afigurar, neste domínio, muito menos forte do que noutros casos já estudados. Em nosso entender, trata-se de uma situação paralela à anteriormente referida quanto à falta total de participação específica a nível interno.

Assim, se, por exemplo, o Governo não informar a região autónoma de que estão em curso negociações relativas a um tratado cujo âmbito de aplicação se restringe ao território dessa região nem lhe solicitar qualquer opinião sobre o assunto, quanto a nós, não há dúvida que estaremos perante um caso de inconstitucionalidade formal, a qual seria suscetível de ser invocada perante o Tribunal Constitucional, no âmbito de um processo de fiscalização abstrata preventiva ou sucessiva da constitucionalidade. Essa inconstitucionalidade não conduziria, todavia, à invalidade do tratado em sede de fiscalização sucessiva, mas sim à sua irregularidade, por força do **artigo 277º, nº 2, da CRP**.

Segundo este preceito, a inconstitucionalidade orgânica ou formal de um tratado regularmente ratificado não impede a aplicação das suas normas na ordem jurídica interna, desde que se observe o princípio da reciprocidade, isto é, desde que as mesmas sejam aplicadas na ordem

---

[146] J. J. GOMES CANOTILHO / VITAL MOREIRA, "Anotação ao artigo 8º", *in CRP...*, p. 265

jurídica da outra parte, e que tal inconstitucionalidade não resulte de violação de uma disposição fundamental (relativa a repartição de competência e ao procedimento). Apesar de o sentido literal da norma apenas abranger os tratados, deve considerar-se que o regime jurídico nela incluído é extensivo aos acordos internacionais[147].

Vejamos então se a preterição absoluta da participação das regiões autónomas na negociação de tratados ou acordos internacionais que diretamente lhes digam respeito está, ou não, abrangida na previsão do artigo 277º, nº 2, da CRP. No fundo, o que importa apurar é se, do ponto de vista da Constituição, o artigo 227º, nº 1, alínea t), da CRP deve, ou não, ser configurado como uma disposição fundamental de procedimento.

A favor dessa fundamentalidade[148], pode invocar-se o facto de esta inconstitucionalidade formal ser suscetível de afetar a repartição vertical de poderes entre a República e as regiões autónomas bem como o princípio autonómico – princípio fundamental do Estado. Por outras palavras, a inconstitucionalidade formal proveniente da violação do artigo 227º, n.º 1, alínea t), da CRP, acabaria por desembocar na violação de normas constitucionais materiais, o que não está englobado no âmbito de aplicação do artigo 277º, nº 2, CRP.

Em sentido contrário ao caráter fundamental do preceito, pode trazer-se à colação o argumento de que o poder das regiões autónomas é, neste caso, de mera influência, dado que a decisão final não lhes pertence. Ainda que só essa participação possa assegurar a integração ponderativa dos interesses protagonizados pelas regiões na decisão final, o objetivo do aproveitamento das convenções regularmente ratificadas e aprovadas bem como os princípios da segurança jurídica e da boa fé devem sobrepor-se à imposição constitucional de participação das regiões nas negociações de tratados e acordos internacionais[149].

---

[147] Neste sentido, JORGE MIRANDA, "Anotação ao artigo 277º", in JORGE MIRANDA / RUI MEDEIROS, Constituição..., p. 717. Contra, J. J. GOMES CANOTILHO / VITAL MOREIRA, "Anotação ao artigo 277º", in CRP..., p. 919.

[148] Neste sentido, sem fundamentação, cfr. J. J. GOMES CANOTILHO / VITAL MOREIRA, "Anotação ao artigo 277º", in CRP..., p. 919.

[149] Neste sentido, JORGE MIRANDA, "Anotação ao artigo 277º", in JORGE MIRANDA / RUI MEDEIROS, Constituição..., p. 718.

Note-se que estes argumentos só têm sentido no âmbito da fiscalização sucessiva da inconstitucionalidade, uma vez que, na fiscalização preventiva, ainda não há vinculação internacional do Estado ao tratado ou ao acordo internacional.

Além disso, sempre se poderá perguntar se o vício poderá ser sanado antes da assinatura, pelo Presidente da República, da resolução da Assembleia da República que aprove o acordo ou o tratado internacional, bem como do decreto do Governo que aprove o acordo internacional ou da ratificação do tratado internacional pelo Presidente da República. Ainda que a Constituição preveja a participação nas negociações – e essa não tenha ocorrido – a sanação do vício parece possível se se vierem a ouvir as regiões autónomas antes do ato interno de vinculação internacional do Estado Português.

Acrescente-se ainda que se o Tribunal Constitucional se pronunciar pela inconstitucionalidade de norma(s) constante(s) de um tratado, no âmbito da fiscalização preventiva, este só poderá ser ratificado pelo Presidente da República, se a Assembleia da República o vier a aprovar por maioria de 2/3 dos Deputados presentes, desde que superior à maioria absoluta dos Deputados em exercício de funções (artigo 278º, nº 4, da CRP). Na sequência da pronúncia de inconstitucionalidade, a Assembleia da República pode confirmar o tratado e o Presidente pode ratificá-lo. Se os órgãos de soberania, legitimados democraticamente – a Assembleia da República e o Presidente da República – apesar do conhecimento da inconstitucionalidade formal de que padecia o tratado, optarem por, no primeiro caso, confirmar a sua aprovação e, no segundo caso, proceder à sua ratificação, o tratado deve ser aplicado na ordem jurídica interna, por força do princípio da proteção dos terceiros Estados, que decorre dos princípios da boa fé e da segurança jurídica.

Sublinhe-se que se, posteriormente, for requerida a fiscalização sucessiva da inconstitucionalidade do tratado, pelo mesmo motivo (o que é admissível), o Tribunal ainda pode declarar a inconstitucionalidade do mesmo com força obrigatória geral, com fundamento na violação do artigo 227º, nº 1, alínea *t)*, da CRP. Nesse caso, não haverá dúvidas quanto à aplicação do artigo 277º, nº 2, da CRP.

Problema diverso é o de saber se essa inconstitucionalidade é suscetível de afetar a validade internacional do tratado ou se poderá gerar a desvinculação internacional do Estado Português.

A resposta a esta questão só pode ser negativa. De acordo com o artigo 46º da Convenção de Viena sobre Direito dos Tratados, a violação de regras de procedimento relativas à vinculação internacional dos Estados (trata-se do clássico problema das chamadas ratificações imperfeitas) só acarreta a invalidade do tratado quando for manifesta e se tratar de violação de uma norma de importância fundamental. Sendo estes dois requisitos de verificação cumulativa e estando-lhes subjacentes o principio da boa fé e as exigências de segurança jurídica[150], nunca será evidente para terceiros a falta de participação das regiões autónomas, pelo que Portugal se manterá vinculado ao tratado, sendo internacionalmente responsável pelo seu eventual incumprimento.

5.2. A participação indevida

Além da ausência total de participação das regiões autónomas nos assuntos da República, são configuráveis situações de participação com desrespeito de normas constitucionais ou legais, ou seja, com irregularidades.

A participação pode ser indevida **por defeito**, ou seja, a participação fica aquém do que deveria, ou **por excesso**, isto é, as regiões autónomas exercem o direito de participação relativamente a assuntos em relação aos quais não deveriam intervir.

5.2.1. Participação por defeito e inconstitucionalidade

Um dos casos mais ilustrativos de **participação por defeito** verifica--se, no **domínio da audição**, quando os órgãos de governo próprio das regiões autónomas são ouvidos em relação a um determinado projeto ou proposta de lei ou projeto de decreto-lei que, entretanto, no decurso do procedimento legislativo, sofre diversas alterações supostamente com implicações para as regiões autónomas.

---

[150] Neste sentido, JORGE MIRANDA, "Anotação ao artigo 277º", *in* JORGE MIRANDA / RUI MEDEIROS, *Constituição...*, p. 717.

DESENVOLVIMENTO DA LIÇÃO

Na verdade, nem a Constituição nem os estatutos político-administrativos de ambas as regiões autónomas resolvem, expressamente, a questão de saber se os órgãos regionais devem, ou não, voltar a pronunciar-se. Já o artigo 7º da Lei nº 40/96 impõe que, no caso de alterações a propostas concretas que as tornem substancialmente distintas ou inovatórias, os órgãos das regiões devem ser novamente ouvidos.

É Jurisprudência firme e constante do Tribunal Constitucional "*que os órgãos de governo próprio das regiões autónomas não têm que ser novamente ouvidos quando a alteração da proposta de lei consubstancia uma mera variação (sem dilatação) do âmbito temático e problemático das matérias reguladas na iniciativa legislativa originária*"[151]. *A contrario*, os órgãos de governo regionais devem ser de novo ouvidos quando ocorrer uma ampliação do elenco de matérias reguladas no projeto ou proposta de lei originária, ou quando houver uma ampliação do âmbito de aplicação do regime fixado, que seja relevante para as regiões autónomas.

Assim, se se introduzirem disposições especiais para as regiões autónomas, os órgãos regionais terão de voltar a ser consultados, o mesmo sucedendo se ocorrer a ampliação do conjunto de normas aplicável às regiões autónomas. Um exemplo paradigmático desta situação foi o da Lei nº 53/2006 relativa ao regime comum de mobilidade entre serviços dos funcionários da Administração Pública. Não obstante a audição dos órgãos de governo regionais ter ocorrido duas vezes – uma primeira vez, no contexto do procedimento legislativo do Governo que levou à aprovação do Projeto de Proposta de Lei nº 260/2006, e uma segunda vez, no contexto do procedimento legislativo da Assembleia da República que culminou na aprovação da referida Lei, o texto que foi submetido à audição tinha, em ambos os casos, um âmbito de aplicação regional mais restrito do que aquele que foi fixado na redação final do diploma, pelo que o Tribunal Constitucional considerou que o direito de audição não tinha sido respeitado. É certo que os órgãos regionais tiveram oportunidade de se pronunciar, mas sobre versões que não aplicavam o regime jurídico em apreço diretamente às administrações regionais,

---

[151] Cfr., designadamente, Acórdãos nºs 551/2007, 105/2002, 125/87 e 264/86. Disponíveis em http://www.tribunalconstitucional.pt/tc/acordaos

pelo que, em bom rigor, os órgãos de governo regional nem sequer teriam interesse direto em se pronunciar sobre as normas em causa.

De acordo com a Jurisprudência do Tribunal Constitucional, *"a Lei nº 53/2006 regula uma matéria – a mobilidade entre serviços dos funcionários e agentes da função pública – cujo âmbito de aplicação é nacional, pelo que apenas interessa às regiões, para os efeitos previstos no artigo 229º, nº 2, da Constituição, na medida em que, por um lado, o diploma que a regula lhes seja aplicável, e por outro lado, as características da realidade insular e a autonomia político-administrativa regional podem justificar desvios ao regime geral.*

Em suma, a ampliação do âmbito de aplicação directa do diploma às regiões autónomas, que veio a ocorrer em sede de apreciação na especialidade, por parte da Comissão de Trabalho e Segurança Social, exigia que se procedesse a uma nova audição das assembleias legislativas regionais, para lhes dar oportunidade de se pronunciarem sobre a matéria em apreço"[152].

O Tribunal concluiu pela inconstitucionalidade das normas em causa.

Hipoteticamente podem ainda configurar-se **outras situações de participação por defeito**. É o caso de, em sede de negociações de tratados e acordos internacionais ou no domínio dos processos de decisão da União Europeia, a região autónoma se encontrar representada na delegação nacional que negoceia o tratado ou o acordo internacional ou que participa no processo de decisão da União Europeia, mas o Governo sonega-lhe toda a informação necessária, designadamente, as propostas de modificação do projeto inicial. Ora, se essas alterações forem substanciais, com esta prática, o Governo impede a região de preparar conveniente e adequadamente a sua intervenção, inviabilizando a expressão da sua posição.

Apesar de, nestes dois casos, se tratar de **participação por defeito ao nível externo, o vício dos atos, eventualmente, adotados, continua a ser a inconstitucionalidade**. Já as consequências a extrair dessa inconstitucionalidade serão diversas pelas razões mencionadas no ponto anterior, para o qual se remete.

---

[152] Cfr. Acórdão 551/07, já citado.

5.2.2. Participação por defeito e ilegalidade

A par dos casos de inconstitucionalidade apontados, ainda são configuráveis hipóteses em que a modalidade de participação escolhida pelos órgãos de soberania, para que a participação das regiões se efetue, não é contrária à Constituição, mas é insuficiente em face do parâmetro estatutário.

A consequência jurídica do incumprimento das normas dos estatutos político-administrativos que desenvolvem as normas constitucionais relativas à participação das regiões autónomas nos assuntos da República é a ilegalidade, a qual pode ser invocada perante o Tribunal Constitucional em sede de fiscalização sucessiva mas não no domínio da fiscalização preventiva da constitucionalidade.

Vejamos um **exemplo ilustrativo** do que acaba de se afirmar.

Como temos vindo a afirmar, a nossa Constituição afirma um poder, a definir nos estatutos, de as regiões autónomas participarem nas negociações de tratados e acordos internacionais que diretamente lhe digam respeito, bem como nos benefícios deles decorrentes (artigo 227º, nº 1, alínea t), da CRP), não mencionando, no entanto, se essa participação implica a representação das regiões autónomas nas delegações nacionais, ou não. Poder-se-á alegar que, do ponto de vista da Lei Fundamental, mesmo que se exclua a representação das regiões autónomas das delegações nacionais destinadas a negociar tratados e acordos internacionais, a Constituição não será violada, na justa medida em que se consiga, por outras vias, atingir o desiderato de assegurar a participação das regiões.

Uma das hipóteses configuráveis seria a de o Governo informar as regiões com regularidade sobre o modo como estão a decorrer as negociações e, antes de qualquer tomada de posição definitiva relativamente aos assuntos que lhes digam respeito, solicitar um parecer sobre o projeto de tratado ou acordo internacional que está a ser negociado pelo Estado Português bem como sobre todas as alterações substanciais ao projeto inicial.

Em nosso entender, esta modalidade de participação das regiões autónomas ainda se revelaria constitucionalmente tolerável. Note-se, todavia, que os estatutos político-administrativos das regiões autónomas exigem, de modo expresso, a participação de representantes das regiões autónomas nas delegações nacionais constituídas para efeitos de negociação de tratados e acordos internacionais (cfr. artigo 95º do EPARAM e artigo 121º, nº 3, alíneas *c*) e *d*), do EPARAA). Em consequência, se as regiões autónomas não participarem naquelas delegações nacionais, haverá violação dos estatutos e, por conseguinte, ilegalidade[153].

5.2.3. Participação por excesso e inconstitucionalidade

A **participação indevida** das regiões autónomas não se esgota na insuficiência da mesma, podendo igualmente verificar-se **por excesso, ou seja, ultrapassar o que a Constituição prevê neste domínio**. Se assim for, esse excesso pode significar a usurpação de competência de outros órgãos, designadamente, dos órgãos de soberania. Tendo em atenção que, nos termos do artigo 110º, nº 2, da CRP, a competência dos órgãos de soberania é a definida na Constituição, esse excesso é suscetível de configurar uma violação daquele preceito.

Assim sucedeu com a obrigação imposta ao Presidente da República de **audição prévia à declaração de estado de sítio ou de emergência no território da região** do Presidente da Assembleia Legislativa e do Presidente do Governo Regional, inicialmente prevista no EPARAA, e com a imposição ao Presidente da República de um **dever de audição dos órgãos de governo regional antes da dissolução da Assembleia Legislativa da Região**, prevista igualmente no EPARAA.

O Tribunal Constitucional considerou, respetivamente, no Acórdão nº 402/2008, em sede de fiscalização preventiva do EPARAA, e, no Acórdão nº 403/2009, no âmbito da fiscalização sucessiva, que os mencionados deveres de audição violavam os artigos 138º, nº 1, da CRP, e 133º, alínea *j*), os quais preveem um procedimento específico para este efeito que não integra a audição das regiões. Em ambos os casos, o Tribunal considerou igualmente violado o artigo 110º, nº 2, da CRP, pois a competência dos órgãos de soberania faz parte da reserva de Constituição, pelo que está vedado à lei introduzir trâmites adicionais tanto num caso como no outro.

---

[153] É, no mínimo, duvidoso que, neste caso, se possa aplicar o artigo 277º, nº 2, da CRP, uma vez que o preceito se refere expressamente à inconstitucionalidade orgânica ou formal de um tratado.

5.2.4. Irrelevância da participação por excesso

Além destes dos casos em que o excesso de participação tem como consequência a inconstitucionalidade, também se podem equacionar hipóteses em que o mesmo se afigura irrelevante. Senão vejamos:

- O órgão de soberania consulta as regiões autónomas em relação à totalidade de um projeto ou proposta de ato legislativo e não apenas em relação às normas que lhes digam respeito;
- No que diz respeito à revisão constitucional, a AR solicita um parecer aos órgãos de governo regionais sobre todos os projetos de revisão constitucional que estão em discussão.

A) *Audição relativa à totalidade do diploma*
Já sabemos que a audição das regiões pela AR se restringe às normas do projeto ou proposta de diploma que lhes digam respeito, podendo ser requerida até à aprovação e votação na especialidade. Imagine--se uma situação em que a AR não delimitou o âmbito da audição e, por consequência, a Região pronunciou-se sobre todas as normas do diploma, tendo inclusivamente remetido o seu parecer à AR antes da votação na generalidade. Deverá a Assembleia levar em consideração esse parecer na sua totalidade? No caso de o fazer, ficará o diploma ferido de inconstitucionalidade?

Pensamos que a resposta a estas duas questões deve ser negativa. Embora a AR tenha solicitado um parecer sobre todas as normas, verificando que somente algumas dizem respeito à Região, a ponderação das opiniões expressas no parecer só se deve realizar em relação a essas normas específicas. Porém, se a Assembleia levar em linha de conta a totalidade do parecer, isso não significa que tal possa configurar uma inconstitucionalidade. A decisão final continua a ser da Assembleia da República que não está vinculada ao parecer, pelo que este órgão permanece livre para decidir, não se verificando qualquer interferência externa nos poderes que constitucionalmente lhe são atribuídos. Já assim não seria se o parecer fosse vinculativo.

B) *Revisão constitucional*

No que diz respeito à revisão constitucional, se a Assembleia da República remeter os projetos de revisão constitucional aos órgãos das regiões autónomas com solicitação, ou não, de um parecer, e se este for efetivamente emitido, poder-se-á configurar alguma irregularidade? A Assembleia da República é livre de considerar esse parecer, ou não, assim como não está vinculada a adotar as opiniões dele constantes. Ou seja, a AR, desde que respeite os limites materiais, formais e circunstanciais de revisão constitucionalmente consagrados, é totalmente livre para alterar, suprimir ou aditar novos preceitos à Constituição, uma vez que a matéria da revisão constitucional é da sua exclusiva competência.

Dito isto, não se pode igualmente considerar a existência de uma irregularidade do procedimento, pois à Assembleia da República não está vedada a promoção de um amplo debate público em torno da revisão, no qual pode muito bem incluir as regiões autónomas[154].

6. A forma de Estado e a participação dos entes infraestaduais em algumas experiências constitucionais estrangeiras

Uma vez estudados os diversos aspetos da participação das regiões autónomas nos assuntos da República, do ponto de vista do direito constitucional português, importa apurar **em que medida** é que, por uma banda, **essa participação constitui um contributo relevante para a definição da forma do Estado Português** e, por outra banda, **se essa participação se afigura coerente com a forma de Estado prevista na Constituição.**

Com o intuito de melhor perceber a relação entre a participação das regiões autónomas nos assuntos da República e a forma de Estado consagrada na Constituição, procederemos ao **estudo de algumas experiencias constitucionais próximas da nossa.** Porém, antes de avançarmos, convém, desde já, alertar para o facto de que, atualmente, as comunidades políticas, *maxime,* os Estados, atingiram um nível de

---

[154] Neste sentido, RUI MEDEIROS, "Anotação ao artigo 285º", *in* JORGE MIRANDA / RUI MEDEIROS, *Constituição...*, p. 906.

organização de tal modo complexo, que tornam muito difícil o seu enquadramento no espartilho das tipologias[155].

A par da **dicotomia tradicional Estado unitário – Estado federal**, baseada na soberania, tem vindo a afirmar-se uma nova forma de Estado apoiada na descentralização – o **Estado regional** – o qual se aproxima, em certos aspetos, do Estado federal, mantendo, contudo, determinadas características do Estado unitário. Por sua vez, a evolução do Estado federal num sentido tendencialmente centralizador contribuiu também para aumentar a confluência entre Estado federal e regional[156].

Além disso, a ideia de soberania tem cada vez menos utilidade como teoria explicativa das formas de Estado, tendendo a surgir, em seu lugar, a ideia de descentralização. No fundo, é mais importante saber qual a quantidade de poder assumido por cada ente, quais as garantias da sua autonomia e que tipo de controlo se pode exercer sobre ele do que propriamente apurar onde está o poder supremo e independente[157].

Se a este cenário juntarmos os **fenómenos de integração dos Estados em comunidades transnacionais, cujo expoente máximo é a União Europeia**, as quais coexistem com as Regiões, com os Estados federados e com outros fenómenos internos de descentralização, teremos todos os ingredientes para perceber a dimensão das dificuldades da construção de uma teoria geral neste domínio.

Antes de avançar, uma prevenção se impõe: a investigação, a seguir efetuada, acerca da participação dos entes infraestaduais nos assuntos da entidade central, na ótica das experiências constitucionais estrangeiras, incluirá aspetos que não passariam o crivo apertado, atrás traçado[158], do conceito funcionalmente delimitado de participação. Parece-nos, contudo, que o objetivo que nos move neste momento, isto é, o estudo comparativo, justifica uma enumeração mais ampla das modalidades

---

[155] Neste sentido, SANTIAGO MUÑOZ MACHADO, *Derecho Público de las Comunidades Autónomas*, I, 2ª ed., 2007, Madrid, iustel, p. 182.

[156] Neste sentido, PAOLO CARETTI / GIOVANNI TARLI BARBIERI, *Diritto Regionale*, 2ª ed., Turim, G. Giappicheli Ed., 2009, p. 4 e ss; BENIANIMO CARAVITA, *Lineamenti di Diritto Costituzionale Federale e Regionale*, 2ª ed., Turim, G. Giappicheli Ed., 2009, p. 25 e ss; SANTIAGO MUÑOZ MACHADO, *Derecho Público...*, p. 181 e ss.

[157] SANTIAGO MUÑOZ MACHADO, *Derecho Público...*, p. 188.

[158] Cfr. *supra* nº 1.2. a 1.2.4.

de participação, pois só assim poderemos chegar a uma visão mais abrangente.

6.1. O critério de seleção das experiências constitucionais estrangeiras objeto de estudo

Note-se, antes de mais, que, no domínio da participação das regiões nos assuntos do Estado, as **experiências constitucionais comparadas revelam uma enorme complexidade, que se prende, entre outras causas, com o caráter muito diverso das soluções que consagram.**

O universo das hipóteses de estudo afigura-se, portanto, muito amplo, pelo que a seleção dos sistemas jurídico-constitucionais sobre os quais vai incidir a nossa análise tem de obedecer a critérios rigorosos, não constituindo uma tarefa fácil. Uma coisa é certa: na economia da presente lição é impossível aprofundar um leque muito vasto de experiências constitucionais com diferentes formas de Estado, pelo que o **critério de escolha deve recair, forçosamente, sobre a proximidade dessas experiências com a nossa.**

Partindo deste pressuposto, a opção pelos direitos constitucionais italiano e espanhol torna-se quase natural, na medida em que é comummente aceite pela doutrina, quer portuguesa quer estrangeira, que, em matéria de autonomia regional, as **experiências constitucionais de Espanha e de Itália têm muitos traços em comum com a portuguesa.**

Seria, todavia, demasiado redutor limitar o nosso horizonte a estes dois Direitos, pois não teríamos um termo de comparação com um Estado que não comungasse da forma de Estado unitário e que se assumisse claramente como um Estado federal. **A escolha de um sistema constitucional federal recai, inevitavelmente, sobre a Alemanha, devido à influência que esta exerce sobre todas as ordens jurídicas europeias**, incluindo a portuguesa.

Partindo do quadro acabado de traçar, e sem qualquer pretensão de esgotar o tema, passemos à análise – necessariamente perfunctória – da participação das entidades infraestaduais detentoras de poder político, seja qual for a sua denominação, nos assuntos do Estado, nos direitos constitucionais italiano, espanhol e alemão.

6.2. O caso italiano
6.2.1. Considerações introdutórias

Sem prejuízo do debate anteriormente travado sobre a oportunidade e a articulação entre o Estado e os entes territoriais autónomos, que coincide com o nascimento do Reino de Itália (1861), tal como as conhecemos hoje, **as Regiões (*Regioni*) foram criadas pela Constituição de 1948, a qual, em 2001, foi objeto de uma profunda revisão em matéria de direito regional**.

Sendo impossível, no âmbito desta lição, tratar da evolução dos poderes das Regiões italianas, desde a sua criação até à atualidade, assim como dos diversos estatutos de cada uma delas, vamos concentrar-nos nas normas constitucionais em vigor, designadamente, no **Título V da Constituição**. Convém, no entanto, chamar a atenção para o facto de que alguns poderes de participação das regiões nos assuntos do Estado não se encontram previstos na Constituição, mas sim nos estatutos das Regiões[159] ou, até mesmo, em leis ordinárias.

A Constituição italiana de 1948 não define, expressamente, a forma de Estado – antes deixou essa tarefa para a doutrina – a qual, desde a entrada em vigor da Constituição, tem gerado alguma controvérsia[160]. Atualmente, verifica-se um certo consenso no sentido de que nem a forma de Estado unitário, nem a de Estado federal *tout court* servem para explicar as relações que constitucionalmente se estabelecem entre o Estado italiano e as Regiões, inclinando-se a doutrina maioritária no sentido de que se trata de um **Estado regional cujo principal traço distintivo é a autonomia**[161].

A Constituição estabelece, no artigo 1º, que a Itália é uma República democrática, especificando, no artigo 5º, que "*a República, una e*

---

[159] O grau de autonomia de cada Região italiana depende, em grande parte, dos Estatutos.

[160] Sobre os termos desta discussão, cfr. SERGIO BARTOLE / ROBERTO BIN / GIANDO-MENICO FALCON / ROSANNA TOSI, *Diritto Regionale*, Bolonha, Il Mulino, 2011, p. 45 e ss; PAOLO CARETTI / GIOVANNI TARLI BARBIERI, *Diritto Regionale...*, p. 11 e ss; BENIANIMO CARAVITA, *Lineamenti di Diritto Costituzionale...*, p. 75 e ss; SANTIAGO MUÑOZ MACHADO, *Derecho Público...*, p. 181 e ss.

[161] Neste sentido, cfr, entre muitos outros, SERGIO BARTOLE / ROBERTO BIN / GIAN-DOMENICO FALCON / ROSANNA TOSI, *Diritto Regionale...*, p. 49 e ss; PAOLO CARETTI / GIOVANNI TARLI BARBIERI, *Diritto Regionale...*, p. 13 e ss.

indivisível, reconhece e promove a autonomia local; (...) adequa os princípios e os métodos da sua legislação às exigências da autonomia e da descentralização".

O Título V[162], relativo às Regiões, Províncias e Municípios, afirma, no seu artigo 114º, § 1º, que *"a República é constituída por Municípios, Províncias, por Cidades metropolitanas, por Regiões e pelo Estado"* e o § 2º do mesmo preceito constitucional adianta que os Municípios, as Províncias, as Cidades metropolitanas e as Regiões são entes autónomos com estatuto próprio, podendo exercer poderes e funções, de acordo com os princípios fixados na Constituição.

Numa primeira leitura, poder-se-ia pensar que a Constituição equipara os poderes dos Municípios, das Províncias, das Cidades metropolitanas e das Regiões. Porém, assim não é. A concreta repartição de poderes entre o Estado e os entes autónomos consta dos artigos 117º e seguintes da Constituição e dela decorre claramente que as Regiões dispõem de uma maior autonomia.

Senão vejamos:

A Constituição elenca um conjunto de matérias em que a competência legislativa do Estado é exclusiva (artigo 117º, § 2º), enumera um outro conjunto de matérias em que a competência legislativa das Regiões concorre com a do Estado (artigo 117º, § 3º) e, por último, atribui às Regiões a competência legislativa não reservada ao Estado (artigo 117º, § 4º).

---

[162] Especificamente sobre o novo Título V da Constituição italiana, ver, entre outros, STELIO MANGIAMELI, "Il significato della riforma a dieci anni dalla revisione del Titolo V della Costituzione", *Le Regione*, 2010, p. 1235 e ss; ANTONIO D'ATENA, "Guistizia costituzionale e autonomie regionali. In tema di apllicazione del nuovo título V", *in Giurisprudenza costituzionale ed evolucione dell'ordinamento italiano*, disponível em http://www.cortecostituzionale.it/ConvegniSeminari.do.; LUCIANO PATRUNO, "Riflessioni preliminari per uno studio dei processi di trasformazione dello spazio substatale", *Diritto Pubblico*, 2004, p. 151 e ss; PAOLO CARETTI, "Potere estero e ruolo «comunitário» delle Regioni nel nuovo Titolo V della Costituzione", *Le Regioni*, 2003, p. 555 e ss; JENS WOELK, "La participazione diretta degli enti substatali al processo decisionale comunitário. Considerazioni comparative", *Le Regioni*, 2003, p. 575 e ss; ANTONIO RUGGERI, "Riforma del Titolo V e "Potere Estero" delle Regioni (Notazioni di Ordine Metodico-Ricostruttivo)", *Diritto e Società*, 2003, p. 2 e ss.

Se esta repartição de poderes legislativos entre o Estado e as Regiões é bem reveladora, por um lado, da importância que as Regiões assumem no quadro do sistema constitucional da República italiana, por outro lado, ela tem vindo a ser fonte de inúmeros conflitos entre ambos (que não cabe estudar no âmbito deste trabalho).

Além disso, não dispondo as Regiões de um poder legislativo genérico, mas apenas concorrente e residual, e tendo o Estado poder legislativo exclusivo em determinadas áreas, **a questão da necessidade da integração dos interesses das Regiões nas decisões do Estado coloca-se em Itália**, tal como em Portugal. Ora, uma das vias para atingir esse desiderato é, sem dúvida, a participação das Regiões nos assuntos do Estado.

6.2.2. A participação das Regiões italianas nos assuntos internos do Estado

A Constituição italiana prevê poderes de participação das Regiões italianas nos assuntos internos do Estado menos extensos do que os previstos na Constituição Portuguesa, mas, tendo em conta os poderes de decisão que lhes são atribuídos bem como a forma como a prática constitucional tem vindo a desenvolver formas de colaboração entre a República e as Regiões, no conjunto as Regiões italianas detêm mais poderes do que as portuguesas.

A Constituição italiana prevê a participação das Regiões nos assuntos internos do Estado nos seguintes casos:

- *a)* Eleição do Presidente da República;
- *b)* Iniciativa legislativa e de revisão constitucional;
- *c)* Referendo para revogar lei ordinária do Estado;
- *d)* Referendo confirmativo de uma lei constitucional;
- *e)* Fusão de Regiões existentes, criação de novas Regiões, agregação de Províncias e Municípios de uma Região diferente da que fazem parte.

a) O artigo 83º, § 2º, da Constituição prevê a participação das Regiões na **eleição do Presidente da República**, através da eleição de três delegados por cada Região (com exceção do Vale da Aosta que só elege um delegado), de modo a assegurar a representação das minorias por parte do Conselho Regional (órgão das Regiões, nos termos do artigo 121º, § 1º).

b) O artigo 121º, § 2º, da Constituição estabelece que o **Conselho Regional**, órgão legislativo das Regiões, **pode apresentar propostas de lei às Câmaras**. A *Corte Costituzionale* admitiu, no Acórdão nº 470/1992, que esta iniciativa se estende às **leis de revisão constitucional.** A iniciativa legislativa não está limitada ao âmbito competencial das Regiões, mas deve apresentar alguma conexão com os interesses regionais[163].

c) As Regiões participam igualmente no domínio do **referendo para revogar, total ou parcialmente, uma lei ou um ato com valor de lei do Estado**. Com efeito, aquele pode ser requerido por cinco Conselhos Regionais (artigo 75º, § 1º da Constituição).

d) O regime jurídico, acabado de mencionar, aplica-se ao **referendo confirmativo de leis de revisão constitucional**, nos termos do artigo 138º, § 2º, da Constituição.

e) De acordo com o artigo 132º, § 1º, da Constituição, os **Conselhos Regionais devem ser ouvidos** em matéria de fusão de Regiões existentes, criação de novas Regiões, agregação de Províncias e Municípios de uma Região diferente da que fazem parte.

Ao abrigo do princípio da cooperação leal entre o Estado e Regiões, foi criada a **Conferência Permanente para as Relações entre o Estado, as Regiões e as Províncias**, a qual visa a participação das Regiões em todos os processos decisórios de interesse regional, inter--regional e infrarregional, sejam eles internos ou externos.

6.2.3. A participação das Regiões italianas nos assuntos externos do Estado

No que diz respeito às **relações externas**, a Constituição italiana atribui, por um lado, ao Estado competência exclusiva em matéria de política externa, relações internacionais do Estado e relações do Estado com a União Europeia (artigo 117º, § 2º, alínea *a*)), mas, por outro lado, admite, expressamente, que as Regiões, nas matérias da sua competência, celebrem acordos internacionais com Estados e com entes territoriais dos

---

[163] Cfr. Acórdão nº 256/1989 da *Corte Costituzionale.*

Estados (artigo 117º, § 5º), segundo um procedimento estabelecido por lei do Estado[164], o que tem gerado grande controvérsia na doutrina italiana e um elevado contencioso constitucional entre o Estado e as Regiões. Da Jurisprudência da *Corte Costituzionale* e da legislação parece decorrer a prevalência da competência do Estado em matéria de relações internacionais sobre a das Regiões.

Ao contrário do que sucede, em Portugal, **a Constituição não prevê a participação das Regiões nos tratados e acordos internacionais**, cuja celebração seja da competência do Estado mas **foram criados mecanismos de colaboração entre as Regiões e o Estado** que permitem mantê-las informadas e lhes possibilitam expressar a sua opinião acerca da política externa do Estado. Além disso, a ausência de participação das Regiões nas negociações dos tratados e acordos internacionais é compensada pela competência que a Constituição lhes atribui no domínio da celebração de acordos internacionais com Estados[165-166].

No **domínio da União Europeia, a Constituição prevê a participação das Regiões, nas matérias da sua competência, na formação dos atos normativos da União Europeia**, remetendo para a lei a sua regulamentação[167] (artigo 171º, § 5º, da Constituição). Aliás, a maior parte dos poderes das Regiões constam da lei e não da Constituição. Assim, as Regiões estão representadas no **Comité das Regiões** (em 24 membros, designam 14 efetivos e 8 suplentes), bem como nas **delegações italianas ao Conselho e nos grupos de trabalho das instituições da União Europeia** (por exemplo, nos Comités do Conselho). As Regiões participam ainda nas **reuniões do Comité Interministerial dos Assuntos Comunitários Europeus** (CIACE), destinado à coordenação dos vários ministérios com vista à formação da posição italiana nas instâncias da União. Por último, as Regiões podem ainda **solicitar**

---

[164] Cfr. Lei nº 131/2003.

[165] Neste sentido, PAOLO CARETTI / GIOVANNI TARLI BARBIERI, *Diritto Regionale...*, p. 306.

[166] Sobre o poder das *Regioni* para celebrarem acordos internacionais, cfr. FRANCESCO PALERMO, *Il potere estero delle Regioni – Ricostruzione in chiave comparata di un potere interno alla costituzione italiana*, Milão, Cedam, 1999, *passim*.

[167] Cfr. Lei nº 11/2005.

ao Governo a interposição de um recurso perante o Tribunal de Justiça para anular um ato da União que invada as suas competências[168].

6.2.4. Esboço comparativo

Do exposto resulta que a **Constituição italiana prevê um leque de poderes de participação das Regiões italianas nos assuntos do Estado, que, numa parte, coincide com o adotado na Constituição Portuguesa, mas, noutra parte, é bastante mais amplo.** Mesmo nos casos em que, aparentemente, as regiões autónomas portuguesas parecem deter mais poderes do que as regiões italianas, a prática constitucional acaba por desmentir essa realidade.

Concretizando um pouco mais:

As regiões autónomas portuguesas não participam na designação do(s) titular de qualquer órgão de soberania, ao contrário do que sucede com as Regiões italianas que participam na eleição do Presidente da República.

As regiões autónomas portuguesas não detêm iniciativa de lei de revisão, demonstrando a prática constitucional italiana precisamente o contrário.

No domínio das relações externas, a prática constitucional tem vindo a criar mecanismos de colaboração entre as Regiões e o Estado. Além disso, a Constituição atribui às Regiões poderes no domínio da celebração de acordos internacionais com Estados, pelo que não é relevante a ausência de poderes de participação na negociação de tratados e acordos internacionais.

Por último, a participação das Regiões italianas ao nível da União Europeia não difere muito da participação das regiões autónomas portuguesas. Aliás, esta aproximação é impulsionada pela própria União Europeia. De qualquer modo, se atentarmos, por exemplo, no número de representantes que as Regiões designam para o Comité das Regiões somos forçados a concluir que as Regiões italianas têm, nesse órgão, um peso muito maior do que as portuguesas.

---

[168] Sobre os poderes das *Regioni*, no domínio da União Europeia, ver, por todos, PAOLO CARETTI / GIOVANNI TARLI BARBIERI, *Diritto Regionale...*, p. 313 e ss.

6.3. O caso espanhol
6.3.1. Considerações preliminares
A Constituição de Espanha de 1978 também não define, expressamente, a forma de Estado, limitando-se a afirmar, no artigo 2º, que *"a Constituição se fundamenta na indissolúvel unidade da nação espanhola, pátria comum e indivisível de todos os espanhóis, e reconhece e garante o direito de autonomia das nacionalidades e das regiões que a integram e a solidariedade entre todas elas"*.

Abstraindo das razões que obstaculizaram ao consenso quanto à inserção da forma de Estado na Constituição, as quais se prenderam, fundamentalmente, com o facto de, ao tempo da elaboração da Constituição, os partidos de esquerda e de direita espanhóis não comungarem de uma mesma conceção de autonomia, temendo a direita, muito mais do que a esquerda, as tendências separatistas e o regionalismo exacerbado de algumas Comunidades Autónomas, é inelutável que **o Estado se caracteriza a partir de dois conceitos básicos**: a **unidade** e a **autonomia**[169] e tem vindo a ser encarado, pela doutrina maioritária, como um **Estado autonómico**[170] **ou regional**[171] (não deixando de ser um Estado unitário).

As Comunidades Autónomas exercem competências legislativas e executivas próprias segundo os seus próprios critérios, com os limites que resultam dos princípios gerais da Constituição e do próprio sistema autonómico[172].

Embora se parta da regra geral do exercício separado de competências entre as Comunidades Autónomas e o Estado, afigura-se indiscutível a **necessidade de uma ampla rede de relações entre aquelas bem como entre elas e a entidade central protagonizada pelo Estado.**

---

[169] Neste sentido, SANTIAGO MUÑOZ MACHADO, *Derecho Público de las Comunidades...*, p. 181; FRANCISCO FERNANDEZ SEGADO, "La acción exterior de las Comunidades Autónomas", *in* JAIME RODRIGUEZ-ARANA / PABLO GARCIA MEXIA (dir.), *Curso de Derecho de las Comunidades Autónomas*, Madrid, Editorial Montecorvo, 2003, p. 627.

[170] Neste sentido, cfr., por exemplo, EDUARDO VÍRGALA FORURIA, "Las relaciones de inordinación en el Estado autonómico español", *Revista de Estúdios Políticos*, 2011, p. 109 e ss.

[171] SANTIAGO MUÑOZ MACHADO, *Derecho Público...*, p. 182 e ss; FRANCISCO FERNANDEZ SEGADO, "La acción exterior...", p. 627.

[172] ELISEO AJA, "Las relaciones entre el Estado y las Comunidades Autónomas", *in* JAIME RODRIGUEZ-ARANA / PABLO GARCIA MEXIA (dir.), *Curso de Derecho de las Comunidades...*, p. 501.

À presente lição apenas interessam estas últimas e, de entre elas, as que implicam a **participação das comunidades autónomas nos assuntos do Estado**.

Porém, deve notar-se que, até há bem pouco tempo, as relações entre o Estado e as Comunidades Autónomas não eram, com frequência, disciplinadas pela Constituição e nem sequer faziam parte dos Estatutos, antes resultando da lei ordinária ou, pura e simplesmente, da prática constitucional, situação que se alterou recentemente, devido à modificação que os Estatutos sofreram entre 2006 e 2010.

6.3.2. A participação das Comunidades Autónomas nos assuntos internos do Estado

A) *A Constituição*

A Constituição espanhola prevê a participação das Comunidades Autónomas nos assuntos internos do Estado nos seguintes casos:

a) designação de membros do Senado (artigo 69º CE);

b) iniciativa legislativa perante as Cortes e impulso legiferante perante o Governo (artigo 87º, nº 2, CE);

c) iniciativa de revisão constitucional (artigo 166º CE);

d) aprovação e revisão dos Estatutos (artigos 146º e 147º CE).

A Constituição espanhola (e alguns Estatutos) reconhece, pois, a **participação das Comunidades Autónomas nas instituições e decisões centrais**.

a) Assim, o artigo 69º, nº 1, da CE configura o **Senado** como uma câmara de representação territorial, o que poderia ter conduzido à representação autonómica. Porém, a composição e os poderes do Senado não confirmam esta aspiração autonómica. Os senadores eleitos pelas Comunidades Autónomas (normalmente os Estatutos conferem a competência de eleição dos senadores aos Parlamentos das Comunidades Autónomas) apenas representam cerca de 21% dos titulares do órgão, enquanto os eleitos pelos cidadãos, de acordo com sistema maioritário, ascendem a 79%.

Acresce que a prática constitucional tem vindo a revelar o Senado mais como uma "câmara de segunda leitura", subordinada ao Congresso, do que como uma câmara com alguma conexão especial com os

DESENVOLVIMENTO DA LIÇÃO

problemas autonómicos[173], pelo que a doutrina tem vindo a sustentar a sua reforma[174], no sentido de o tornar efetivamente uma câmara de representação territorial, como prevê a Constituição no artigo 69º, nº 1. Não obstante, politicamente, em várias ocasiões (1994, 2004), terem sido apresentadas propostas de modificação do Senado, por vicissitudes diversas, elas nunca chegaram a ter sucesso.

b) As Comunidades Autónomas (através dos seus Parlamentos) dispõem de **direito de iniciativa legislativa perante as Cortes** (artigo 87º, nº 2, da Constituição), o qual pode abranger qualquer matéria, embora as iniciativas das Comunidades tendam a concentrar-se em assuntos relacionados com as suas competências, ou com interesses autonómicos, e que, por isso, as afetam[175]. É de notar que a proposta de lei obedece a dois procedimentos "legislativos" diferenciados – primeiro, nos Parlamentos das Comunidades Autónomas e, segundo, nas Cortes Gerais – sendo que a proposta é apresentada na Mesa do Congresso (e não do Senado)[176], a qual afere se os requisitos formais estão preenchidos. Uma vez admitida, a proposta segue o procedimento legislativo comum, com pequenas variantes (o Parlamento autonómico pode designar até três delegados para defenderem a proposta). A prática demonstra que a discussão destas propostas é normalmente adiada[177].

Além do direito de iniciativa legislativa, a Constituição espanhola prevê igualmente um **direito de impulso legiferante perante o Governo** a favor das Comunidades Autónomas (artigo 87º, nº 2), ou

---

[173] EDUARDO VÍRGALA FORURIA, "Las relaciones de inordinación...", p. 115 e ss; ELISEO AJA, "Las relaciones entre el Estado...", p. 504 e 505; JUAN IGNACIO BARRETO VALVERDE, "Las relaciones entre el Senado y las Assembleas de las Comunidades Autónomas", *Revista de las Cortes Generales*, 1998, p. 67 e ss.

[174] Cfr., por exemplo, EDUARDO VÍRGALA FORURIA, "Las relaciones de inordinación...", p. 117 e ss; GREGORIO CÂMARA VILLAR, "El principio y las relaciones de colaboración entre el Estado y las Comunidades Autónomas", *Revista Eletrónica de Derecho Constitucional*, 2004, p. 215 e ss.

[175] ELISEO AJA, "Las relaciones entre el Estado...", p. 506 e 507.

[176] Para uma crítica desta solução, cfr., entre outros, EDUARDO VÍRGALA FORURIA, "Las relaciones de inordinación...", p. 127 e ss; ELISEO AJA, "Las relaciones entre el Estado...", p. 507.

[177] ELISEO AJA, "Las relaciones entre el Estado...", p. 507.

A PARTICIPAÇÃO DAS REGIÕES AUTÓNOMAS NOS ASSUNTOS DA REPÚBLICA

seja, consagra-se um direito de solicitarem ao Governo do Estado a adoção de um projeto de lei. Porém, a decisão de o apresentar, ou não, cabe ao Governo, seguindo os trâmites normais de qualquer outro projeto de lei do Governo. Esta modalidade de participação das Comunidades Autónomas afigura-se, portanto, pouco eficaz[178].

c) A **iniciativa de revisão constitucional** segue o procedimento do artigo 87º, nºs 1 e 2, o que significa que as Comunidades Autónomas têm competência de iniciativa nesta matéria (artigo 166º CE), com as restrições acabadas de enunciar.

d) Em matéria de **Estatutos, a Constituição espanhola prevê a elaboração e aprovação de cada Estatuto ao nível da respetiva Comunidade Autónoma e a posterior aprovação como lei pelas Cortes Gerais** (artigo 146º CE), o que significa que o Estatuto se fundamenta na legitimidade autonómica e estadual. Os estatutos estão constitucionalmente habilitados a prever as regras da sua própria revisão, mas as modificações requerem aprovação nas Cortes Gerais, mediante lei orgânica (artigo 147º, nº 3, CE).

B) *Os Estatutos das Comunidades Autónomas*

Tendo em conta o tratamento parcimonioso que a Constituição efetua da participação das Comunidades Autónomas nos assuntos internos do Estado, atualmente, são os **Estatutos** – os quais sofreram profundas alterações[179], em certos casos, de duvidosa constitucionalidade[180] – que

---

[178] EDUARDO VÍRGALA FORURIA, "Las relaciones de inordinación...", p. 128; GREGORIO CÂMARA VILLAR, "El principio y las relaciones de colaboración...", p. 214; ELISEO AJA, "Las relaciones entre el Estado...", p. 508.

[179] Há quem entenda que as alterações dos Estatutos, no domínio da participação não assumem um especial relevo. Cfr. JOSÉ ANTONIO MONTILLA MARTOS, "Las relaciones de colaboración en el nuevo marco estatutario: bilateralidad y participación", *Revista de Estúdios Políticos*, 2011, p. 156.

[180] Neste sentido, cfr., por exemplo, EDUARDO VÍRGALA FORURIA, "Las relaciones de inordinación...", p. 109 e ss, maxime p. 128 e ss.
Note-se, contudo, que, no que diz respeito ao novo Estatuto da Catalunha, ao contrário do que sustentava uma parte significativa da doutrina, o Tribunal Constitucional procedeu à interpretação conforme à Constituição das normas relativas à participação da Comunidade Autónoma nos assuntos do Estado, não tendo decidido, na maior parte dos casos, pela sua inconstitucionalidade (cfr. Ac. nº 31/2010).

desenvolvem este regime jurídico. Donde resulta que a **participação das Comunidades Autónomas apresenta, na maior parte dos casos, um caráter parcelar e fragmentado**, na medida em que, apesar de, **após a última revisão dos Estatutos, se verificar uma certa tendência de aproximação das soluções** neles preconizadas[181], o certo é que **ainda se está longe da uniformidade**[182], imperando, pelo contrário, a disparidade, a qual, diga-se, em abono da verdade, já foi maior no passado[183].

Os **novos Estatutos**[184] preveem **formas de participação** que colocam dúvidas de constitucionalidade[185]:

a) Proposta das Comunidades Autónomas ao Senado de candidatos a juízes do Tribunal Constitucional;
b) Conselhos Autonómicos de Justiça, ainda não criados;
c) Designação pelas Comunidades Autónomas de membros nos organismos de caráter económico e social.

Apesar de a doutrina ter defendido a inconstitucionalidade da participação das Comunidades Autónomas na **designação dos juízes do Tribunal Constitucional**, a verdade é que o Tribunal Constitucional assim não entendeu, tendo admitido uma interpretação conforme à

---

[181] FRANCISCO FERNANDEZ SEGADO, "La acción exterior...", p. 672.

[182] Neste sentido, JOSÉ ANTONIO MONTILLA MARTOS, "Las relaciones de colaboración...", p. 153 e ss, *maxime*, p. 190.

[183] A título exemplificativo atente-se na participação das Comunidades Autónomas nas relações externas. No passado, alguns Estatutos reconheciam o direito de solicitar a celebração de tratados internacionais de certo tipo aos órgãos centrais do Estado e de receber informação sobre os que dizem respeito a determinadas matérias (Andaluzia, Aragão, Astúrias, Catalunha e País Basco), enquanto outros se bastavam com o direito de impulso (Baleares, Cantábria, Castilha-La Mancha, Castilha-Leão, Estremadura e Galiza). Noutros casos reconhecia-se somente o direito de informação (Canárias, Madrid, Múrcia e Navarra) e até Estatutos havia que não se debruçavam sequer sobre esta matéria (Comunidade de Valência e La Rioja). Para maiores desenvolvimentos, cfr. FRANCISCO FERNANDEZ SEGADO, "La acción exterior de las Comunidades Autónomas", *in* JAIME RODRIGUEZ-ARANA / PABLO GARCIA MEXIA (dir.), *Curso de Derecho de las Comunidades...*, p. 673 e ss.

[184] Em especial, o da Catalunha e do País Basco, mas também o de Valença.

[185] Neste sentido, ver, por todos, EDUARDO VÍRGALA FORURIA, "Las relaciones de inordinación...", p. 129.

Constituição desse tipo de regras num conjunto de acórdãos que se destinaram a apreciar a constitucionalidade dos diversos Estatutos autonómicos bem como do regulamento do Senado de 2007[186].

Os Estatutos da Catalunha, de Valência, das Ilhas Baleares, de Castilha e Leão, de Aragão e de Andaluzia preveem a criação de **Conselhos de Justiça**, os quais significariam, segundo alguma doutrina[187], a criação de um poder judicial autonómico paralelo ao poder judicial do Estado, que a Constituição concebe como um poder reservado ao Estado, pelo que as normas dos Estatutos seriam claramente inconstitucionais.

Alguns Estatutos inseriram ainda a **participação das Comunidades Autónomas na designação dos membros de determinados organismos de caráter económico e social**, a qual depende da lei do Estado. Neste caso, não se colocam problemas de constitucionalidade das normas estatutárias, na medida em que não se trata de órgãos constitucionais[188].

As relações entre o Estado e as Comunidades Autónomas têm sido, em Espanha – como, aliás, em quase todos os Estados descentralizados politicamente – pautadas pelo confronto e pelo conflito de competências (pense-se na quantidade de processos que chegam aos Tribunais Constitucionais sobre estes assuntos) mas o facto é que, em qualquer Estado descentralizado, o estabelecimento de relações de colaboração e de cooperação leal entre a entidade central e as entidades infraestaduais se afigura não só desejável como se impõe como uma necessidade, sob pena de total ineficácia do sistema[189]. O Tribunal Constitucional espanhol, tal como muitos dos seus congéneres, deduziu, implicitamente, esse princípio das normas constitucionais, ainda que ele não conste, de modo expresso, de nenhuma delas[190].

---

[186] Cfr. Acórdãos nºs 247/2007 e 101/2008 relativos à apreciação da constitucionalidade do Regulamento do Senado de 2007. Cfr. ainda Acórdão nº 49/2008.

[187] Ver, por todos, EDUARDO VÍRGALA FORURIA, "Las relaciones de inordinación...", p. 139 e ss.

[188] Neste sentido, EDUARDO VÍRGALA FORURIA, "Las relaciones de inordinación...", p. 147.

[189] JOSÉ ANTONIO MONTILLA MARTOS, "Las relaciones de colaboración...", p. 158.

[190] Cfr., por exemplo, Acórdãos do TC espanhol nºs 18/1982, 64/1982, 80/1985.

Foi, pois, com base no princípio da cooperação leal que, antes a lei, e, atualmente, também os Estatutos têm vindo a afirmar, progressivamente, **outras formas de colaboração entre as Comunidades Autónomas e o Estado**[191], as quais se podem agrupar em torno de três vetores:

- a ajuda;
- a coordenação;
- a cooperação.

No primeiro caso, a sua principal manifestação é a **informação** disponibilizada pela entidade central às entidades que a compõem e vice-versa, de modo a facilitar o exercício da competência de cada uma delas.

No segundo caso, Estado e Comunidades Autónomas participam em instâncias comuns ou levam a efeito procedimentos comuns com vista a obterem uma orientação paralela no exercício das competências de cada um deles. Essa **coordenação pode ser voluntária** (conferências sectoriais compostas pelo ministro respetivo e pelos conselheiros dos governos autonómicos) **ou obrigatória** prevista na Constituição ou nos Estatutos (coordenação geral de saúde prevista no artigo 149º, nº 1, alínea 16ª). A mais importante **forma de colaboração**, neste domínio, é a **participação em conferências sectoriais multilaterais e organismos de coordenação criados por lei**, como sejam a Conferência Nacional de Transportes, o Conselho Interterritorial do Sistema Nacional de Saúde, a Comissão Nacional de Proteção da Natureza, etc.

Por último, as Comunidades Autónomas e o Estado estabelecem **convénios** que consignam determinadas formas de colaboração.

6.3.3. A participação das Comunidades Autónomas nos assuntos externos do Estado

Delineada a participação das Comunidades Autónomas nos assuntos internos do Estado, importa apurar qual a sua participação no domínio das **relações externas**.

---

[191] Para maiores desenvolvimentos, cfr. JOSÉ ANTONIO MONTILLA MARTOS, "Las relaciones de colaboración...", p. 157 e ss; GREGORIO CÂMARA VILLAR, "El principio y las relaciones de colaboración...", p. 225 e ss.

Tendo em conta a importância que o direito internacional, mas, sobretudo, o direito da União Europeia desempenham, hodiernamente, na conformação dos Direitos internos, afigura-se, por demais, evidente que a atuação do Estado nos *fora* internacionais e europeus é suscetível de afetar a repartição de poderes constitucionalmente estabelecida entre a entidade central – o Estado – e as entidades infraestaduais – as Comunidades Autónomas.

Daí que, embora a Constituição de Espanha assim como os primeiros Estatutos sejam omissos quanto à **participação das Comunidades Autónomas no processo de construção europeia**, têm vindo a ser criados diversos mecanismos cujo escopo é o de assegurar a intervenção destas últimas, pelo menos, quando estão em causa as suas competências ou os seus interesses.

Neste contexto, em 1988, foi criada a Conferência sectorial para os Assuntos Relacionados com as Comunidades Europeias, pelo Ministério para as Administrações Públicas, a qual foi institucionalizada como Conferência para os Assuntos das Comunidades Europeias, em 1992, e, mais tarde (1997) formalizada por lei[192]. Atualmente, denomina-se **Conferência para os Assuntos Europeus**.

Trata-se de uma **conferência de coordenação geral sobre assuntos europeus**, na qual se têm estabelecido **acordos políticos**, dos quais se destaca um de 1994, relativamente à **participação das Comunidades Autónomas nas instituições e organismos da União Europeia**, como sejam a integração das Comunidades Autónomas na delegação espanhola quer no Conselho quer nos órgãos consultivos e preparatórios, a participação na designação do representante na REPER ou a participação nos processos perante o Tribunal de Justiça e ainda o reconhecimento da existência de uma delegação permanente da Comunidade Autónoma na União Europeia.

As **soluções constantes destes acordos foram incorporadas em alguns dos novos Estatutos**, os quais preveem a participação das Comunidades Autónomas na formação da posição do Estado espanhol

---

[192] Sobre esta Conferência, ver PABLO PÉREZ TREMPS, "La ejecución del Derecho europeo por las Comunidades Autónomas", *in* JAIME RODRIGUEZ-ARANA / PABLO GARCIA MEXIA (dir.), *Curso de Derecho de las Comunidades...*, p. 771 e ss.

no âmbito da União Europeia[193]. Note-se, todavia, que os Estatutos não se podem considerar os instrumentos jurídicos mais adequados para atingir este desiderato, na medida em que não asseguram o igual tratamento de todas as Comunidades Autónomas.

Por último, importa referir que as Comunidades Autónomas designam um representante por cada uma, proposto pelo seu Presidente, para integrar o Comité das Regiões.

A finalizar, importa referir que a Constituição espanhola também não prevê a **participação das Comunidades Autónomas no âmbito das relações externas em geral.**

No que se relaciona com os **tratados internacionais** deve frisar--se, antes de mais, que a sua celebração compete, em primeira linha, ao Estado[194]. Porém, a **maior parte dos Estatutos prevê formas de intervenção da Comunidade Autónoma**[195], neste domínio, as quais, em síntese, giram em torno de três modalidades:

- o **direito de solicitar ao Estado a celebração de um tratado internacional** relativo a matérias da sua competência ou em que tenha interesse;

---

[193] Para maiores desenvolvimentos, cfr JOSÉ ANTONIO MONTILLA MARTOS, "Las relaciones de colaboración...", p. 166 e ss; GREGORIO CÂMARA VILLAR, "El principio y las relaciones de colaboración...", p. 220 e ss; FRANCISCO FERNANDEZ SEGADO, "La acción exterior...", p. 722 e ss; NATIVIDAD FERNANDEZ SOLA, "La acción exterior de la Comunidad Autónoma en el nuevo Estatuto de Autonomía de Aragón", *Revista Eletrónica de Estudos Internacionais*, 2007, in www.reei.org, p. 21 e ss; MIGUEL PALOMARES AMAT, "Las relaciones entre la Generalitat de Cataluña y la EU en el Estatuto de Autonomia de Catalanuya del 2006, in www.reei.org, p. 1 e ss.

[194] O que não significa que as Comunidades Autónomas não possam celebrar acordos inter-regionais que não ponham em causa a política externa do Estado, designadamente, acordos de cooperação transfronteiriça.

[195] Cfr. NATIVIDAD FERNANDEZ SOLA, "La acción exterior de la Comunidad Autónoma...", p. 4 e ss; JOAN DAVID JANER TORRENS, "La acción exterior de la Comunidad Autónoma de las Islas Baleares trás la entrada en vigor del nuevo Estatuto de Autonomia", *Revista Eletrónica de Estudos Internacionales*, 2007, in www.reei.org, p. 8 e ss; XAVIER PONS RAFOLS / EDUARDO SAGARRA TRÍAS, "La acción exterior de la Generalitat en el nuevo Estatuto de Autonomia de Cataluña", *Revista Eletrónica de Estudos Internacionales*, 2006, in www.reei.org, p. 7 e ss.

- o **direito a ser informado pelo Estado acerca das negociações de tratados internacionais** e, eventualmente, pronunciar-se sobre os projetos em discussão;
- o **direito de integrar as delegações nacionais** nas negociações de tratados internacionais.

Trata-se, pois, de formas de participação não vinculativas para o Estado, a quem, do ponto de vista da Constituição (artigo 149º, nº 1, *item* 3º), cabe o exclusivo do *treaty-making power*. O que significa que ainda que uma Comunidade Autónoma lhe solicite a celebração de um determinado tratado, o Estado não fica vinculado a, efetivamente, encetar as negociações com vista à conclusão do mesmo. Raciocínio idêntico é válido para o destino dos eventuais pareceres sobre os projetos em discussão e para o peso que o Estado deve dar à posição dos representantes das Comunidades Autónomas nas delegações nacionais.

6.3.4. Esboço comparativo

Comparando a experiência constitucional espanhola com a Portuguesa, as Comunidades Autónomas detêm poderes de participação nos assuntos internos e externos do Estado, como é o caso da participação nas decisões relativas ao processo de integração europeia e da participação nos tratados internacionais, que se assemelham aos conferidos às regiões autónomas portuguesas, embora não estejam previstos na Constituição mas sim nos Estatutos.

De qualquer modo, cumpre igualmente notar que as Comunidades Autónomas também detêm alguns poderes que não têm qualquer paralelo nos poderes atribuídos às nossas regiões autónomas, como, por exemplo, a iniciativa de revisão constitucional, a designação de membros do Senado, de juízes do Tribunal Constitucional e de membros de determinados organismos de caráter económico e social, recentemente introduzidos nos novos Estatutos.

6.4. O caso alemão
6.4.1. Considerações prévias

Independentemente da querela acerca da existência, ou não, de **federalismo na Alemanha** e da discussão relativa à sua caracterização

– questões sobre as quais não nos podemos debruçar no âmbito desta lição – a Constituição alemã (*Grundgesetz (GG)*) de 1949 prevê, expressamente, no artigo 20º, nº 1, que a *"República Federal da Alemanha é um Estado federal (...)"*, o que vai ter repercussões na estrutura orgânica da federação bem como na repartição de poderes entre a Federação (*Bund*) e os Estados (*Länder*), as quais interessam, particularmente, ao objeto da presente lição.

Assim, muito sinteticamente, no que diz respeito à **estrutura orgânica da Federação**, importa sublinhar que o *Bundesrat* é composto por membros dos governos dos *Länder* nomeados e exonerados por estes, podendo ser substituídos por outros membros dos seus governos (artigo 51º, nº 1, *GG*). O *Bundesrat*, em conjunto com o *Bundestag*, dispõe de efetivos poderes legislativos (artigo 77º *GG*), incluindo o de revisão constitucional (artigo 79º *GG*)[196]. Note-se, contudo, que, ao contrário do que sucede com o *Bundestag*, o *Bundesrat* detém, essencialmente, um poder de veto.

Relativamente à **repartição de poderes entre o *Bund* e os *Länder***[197], a qual obedece a um critério material e não a um critério funcional, há que notar, muito sumariamente, que a Constituição distribui os poderes legislativo, executivo e judicial pelos dois níveis de decisão em função das matérias.

Assim sendo, no que toca ao **poder legislativo**, determinadas matérias estão reservadas à Federação (artigos 73º *GG*), e, como tal, os Estados federados não devem sobre elas legislar, a menos que uma lei federal os autorize expressamente (artigo 71º *GG*). A Constituição prevê igualmente matérias de competência legislativa concorrente entre o *Bund* e os *Länder* (artigo 72º *GG*), nas quais os *Länder* podem legislar (artigo 74º *GG*), enquanto e na medida em que Federação não tenha exercido a sua competência (artigo 72º, nº 1, *GG*).

Os *Länder* dispõem de **poder executivo** próprio (artigo 83º *GG*) ou delegado (artigo 85º *GG*), competindo-lhe, portanto, executar as

---

[196] Para maiores desenvolvimentos, cfr. KONRAD HESSE, *Grundzüge des Verfassungsrechts der Bundesrepublik Deutschland*, 20ª ed., Heidelberga, Müller, 1999, 259 e ss

[197] Sobre a repartição de poderes entre o *Bund* e os *Länder*, cfr. KONRAD HESSE, *Grundzüge des Verfassungsrechts...*, p. 104 e ss.

leis federais. O Governo Federal fiscaliza a execução dessas leis (artigo 84º *GG*).

O **poder judicial** está igualmente repartido entre a Federação e os *Länder* (artigo 92º *GG*).

6.4.2. A participação dos *Länder* nos assuntos do *Bund*, em especial nas relações externas

Tendo em conta que os *Länder* dispõem de competência própria (ou delegada) no âmbito dos três poderes clássicos do Estado, é natural que a sua intervenção ao nível dos assuntos do Estado se efetive por essa via e não tanto através da participação.

Contudo, nas áreas, cuja competência está reservada à Federação e, dentro destas, em especial, no âmbito das relações externas, em geral, e nas relações com a União Europeia, em especial, a **participação dos Länder nos assuntos da Federação afirmou-se desde o início da vigência da Constituição alemã**, tendo sofrido modificações relevantes aquando da revisão constitucional de 1992 e, mais recentemente, com a revisão de 2006.

No domínio das **relações externas**, o artigo 32º, nº 1, *GG* estabelece que **compete à Federação estabelecer relações com Estados estrangeiros**, o que significa que a condução da política externa da Alemanha compete à Federação e ao Governo Federal e não aos *Länder*. Daqui decorre que a **competência para concluir tratados internacionais com terceiros Estados pertence, em regra, à Federação, inclusivamente, nas matérias em que os *Länder* são titulares de poder legislativo**.

Ao contrário do que sucede noutros Estados federais, como, por exemplo, nos EUA, em que os Estados federados não têm competência para celebrar tratados internacionais com terceiros Estados, a **Constituição alemã consagra a possibilidade de os *Länder* concluírem tratados internacionais no âmbito da sua competência legislativa e com consentimento do Governo Federal** (artigo 32º, nº 3, *GG*). Este consentimento resulta da necessidade de assegurar a unidade da política externa alemã e deve ser encarado como uma dimanação do princípio da homogeneidade previsto no artigo 28º *GG*. Se assim não fosse, a competência internacional dos *Länder* acabaria por condicionar a política externa do *Bund*. Além disso, conduziria, por certo, a compromissos internacionais contraditórios. Ora, o princípio da *Bundestreue*, regra constitucional não escrita, criada pelo *Bundesverfassungsgericht*, explica a necessidade do consentimento da Federação[198].

Este princípio apresenta dois sentidos, ou seja, implica a cooperação leal dos *Länder* com a Federação, mas também impõe a cooperação leal do *Bund* com os *Länder*. Daí que, antes da conclusão de um tratado que afete a situação particular de um *Land*, nos casos em que os tratados são concluídos pela Federação, esse *Land* tem direito a ser ouvido, com a devida antecedência (nº 2 do artigo 32º *GG*). Trata-se de um direito de audição que se exterioriza através de pareceres não vinculativos, o que significa que a Federação mantém intacto o seu poder de atuação externa.

Estas regras, aparentemente claras, geraram, contudo, logo após o início de vigência da *Grundgesetz*, grande **controvérsia quanto à repartição de poderes entre a Federação e os Estados em matéria de relações externas**, a qual só se resolveu com o **Pacto de *Lindau***, de 1957[199], através do qual a Federação e os *Länder* chegaram a um acordo sobre a aplicação do artigo 32º *GG*, em especial, do seu nº 3. Através deste Pacto, os *Länder* aceitaram a competência da Federação para concluir certas categorias de tratados, incluindo em matérias da sua competência exclusiva, como é o caso da cultura, mas, em contrapartida, o Governo Federal tem de obter o seu consentimento antes de o tratado se tornar vinculativo a nível internacional (ponto 3 do Acordo). Este consentimento deve ser dado pela Comissão Permanente dos Tratados (criada pelo Acordo de *Lindau*). Se o tratado afetar os interesses vitais dos *Länder*, a Federação tem de os informar previamente para que possam expressar as suas opiniões (ponto 4 do Acordo). Aliás, a audição dos *Länder* é particularmente importante num sistema constitucional,

---

[198] Sobre a repartição de poderes entre os *Länder* e a Federação, no domínio das relações externas, situada na Constituição alemã, ver, entre outros, CARLO PANARA, "In the Name of Cooperation: The External Relations of the German *Länder* and Their Participation in the EU Decision-Making", *European Constitutional Law Review*, 2010, p. 59 e ss; CHRISTIAN STARCK, "I *Länder* Tedeschi ed il Potere Estero", *Giurisprudenza Costituzionale*, 1992, p. 3394-3404.

[199] Sobre o Pacto de *Lindau*, cfr., entre outros, CARLO PANARA, "In the Name of Cooperation...", p. 59 e ss.

como o alemão, na medida em que as competências de execução dos tratados, em regra, pertencem aos *Länder* e não à Federação.

O **Pacto de *Lindau* não alterou, como é óbvio, as normas constitucionais relativas à competência de celebração de tratados e acordos internacionais, antes incidiu sobre os procedimentos.** Na prática, os *Länder* perderam poderes de decisão em matéria internacional, tendo, em troca, ganho poderes de participação, o que só se justifica ao abrigo do princípio da cooperação leal[200]. Os *Länder* detêm, portanto, um papel relativamente secundário neste domínio[201].

A Constituição alemã prevê ainda a possibilidade de a Federação transferir direitos de soberania para instituições internacionais (artigo 24º, nº 1 *GG*[202]).

A **reforma constitucional de 1992** introduziu um novo número no artigo 24º da Constituição, o qual permite aos *Länder* transferirem, com o consentimento do Governo federal, soberania para instituições transfronteiriças. Quer dizer, os *Länder* ganharam poderes no domínio das relações externas.

No que diz respeito à **União Europeia, a Constituição prevê, no seu artigo 23º** (totalmente reescrito na revisão constitucional de 1992), **os poderes (de decisão e de participação) dos *Länder* nos assuntos europeus**, os quais incidem quer sobre o direito originário quer no domínio do direito derivado[203], abrangendo, no essencial, as seguintes modalidades:

– **Poderes de decisão**, exercidos através do *Bundesrat*, nos termos do artigo 23º, nº 1, *GG*, quando está em causa a **transferência de direitos de soberania da Federação para a União Europeia;**

---

[200] Neste sentido, CARLO PANARA, "In the Name of Cooperation:...", p. 64.

[201] Neste sentido, CARLO PANARA, "In the Name of Cooperation:...", p. 59.

[202] Até à revisão constitucional de 1992, esta disposição fundamentava também a participação da Alemanha nas (então) Comunidades Europeias.

[203] Para maiores desenvolvimentos, cfr., entre outros, CARLO PANARA, "In the Name of Cooperation:...", p. 70 e ss; JENS WOELK, "La partecipazione diretta degli enti substatali...", p. 580 e ss; CHRISTIAN STARCK, "I *Länder* Tedeschi...", p. 3401 e ss; .

DESENVOLVIMENTO DA LIÇÃO

- **Poderes de decisão**, igualmente, nos termos do artigo 23º, nº 1, *GG*, quando se trate de **processos de revisão simplificada** previstos nos Tratados institutivos da União Europeia **ou de alargamento de poderes dos seus órgãos** (esta exigência não decorre diretamente da Constituição, tendo sido estabelecida pela Lei relativa à Responsabilidade do *Bundestag* e do *Bundesrat* na Integração Europeia – *Integrationsverantwortungsgesetz*, IntVG);
- **Poderes de intervenção direta** no processo legislativo da União Europeia (artigo 23º, nº 6, *GG*);
- **Poderes de intervenção no processo legislativo da União Europeia pela via da participação** (informação e audição, mais ou menos, vinculativa, pelo Governo federal).

Note-se que este último caso é o que mais se assemelha aos poderes de participação das regiões autónomas portuguesas nos assuntos europeus. Os outros casos não têm correspondente no direito constitucional português, o que se explica pela diferente forma do Estado Português e do Estado Alemão.

A transferência de direitos de soberania da Federação para a União Europeia está sujeita à aprovação de uma lei federal pelo *Bundestag* e pelo *Bundesrat* por uma maioria de 2/3 dos votos em cada câmara. A posição dos *Länder* manifesta-se através do *Bundesrat* (nº 2 do artigo 23º *GG*). Este regime aplica-se igualmente ao processo de revisão simplificada dos Tratados, previsto no artigo 48º, nº 6, TUE.

Em relação ao **direito derivado**, colocam-se duas hipóteses: ou estão em causa, a título principal, as competências legislativas exclusivas dos *Länder*, **nos domínios da educação escolar, da cultura e da radiodifusão**, ou não estão. A restrição a estas três áreas sensíveis foi incluída na revisão constitucional de 2006. Anteriormente, o preceito abarcava todas as competências legislativas exclusivas dos *Länder*.

Se estiverem em causa estas três áreas, então os direitos de que goza a Alemanha enquanto Estado-Membro da União Europeia devem ser transferidos pela Federação para um representante dos *Länder* nomeado pelo *Bundesrat*. O exercício destes poderes realizar--se-á com a colaboração do Governo Federal e com o seu acordo (nº 6 da referida disposição constitucional), mas são os *Länder* que constitucionalmente devem representar a Federação.

Esta é, contudo, uma situação excecional.

Quando não estão em causa as competências legislativas exclusivas dos *Länder*, nos três domínios acabados de assinalar, as regras aplicáveis são as seguintes:

- O **Governo Federal deve informar, pormenorizadamente, os *Länder*,** por meio do *Bundestag,* com a máxima antecedência possível, sobre todos os assuntos da União Europeia (artigo 23º, nº 2, *GG*);
- Se a Federação detém poderes exclusivos ou poderes legislativos no domínio em causa, o Governo Federal, além de um dever de informação, detém também o **dever de levar em consideração a opinião dos *Länder*,** na sua tomada de decisão, nos casos em que, na sua essência, sejam afetadas as competências legislativas dos *Länder* (nº 5 do preceito em apreço). O parecer dos *Länder* não é, todavia, vinculativo para o Governo federal;
- Se estiverem em causa, a título principal, matérias da competência legislativa dos *Länder* ou a instituição dos seus órgãos públicos ou os seus procedimentos administrativos, o seu parecer deve ser considerado decisivo pelo Governo federal. Discute-se a este propósito se o parecer dos *Länder* é vinculativo, ou não, para o Governo federal;
- O *Bundesrat* **deve participar na formação da vontade da Federação sobre questões europeias,** se as medidas nacionais dependerem da sua participação, ou desde que os *Länder* disponham de competência sobre a matéria em causa a nível nacional (nº 4 do citado preceito).

Por último, refira-se que os *Länder* têm direito de estabelecer missões de representação, em Bruxelas, as quais não têm estatuto diplomático e dispõem, desde 1959, de um observador comum que atua próximo da REPER alemã. Estão igualmente representados no Comité das Regiões (dos 24 membros, 17 membros são indicados pelos *Länder* (um membro por cada um deles e um membro rotativo)).

6.4.3. Esboço comparativo

Se compararmos os poderes dos *Länder* com os das regiões autónomas portuguesas, verifica-se que, nos domínios em que aqueles exercem efetivos poderes de decisão, na estrutura federal, através do *Bundesrat* – que são muitos – não necessitam de participar através da audição ou da iniciativa legislativa, como sucede com as nossas regiões autónomas, dado que a decisão final é conjunta (da Federação e dos *Länder*). De qualquer forma, deve notar-se que o exercício desses poderes por parte dos *Länder* está sujeito a uma série de condicionantes e controlos por parte da Federação que, na prática, acabam por os tornar menos relevantes.

É no domínio das relações externas que a participação dos *Länder* nos assuntos da Federação mais se aproxima das modalidades de participação das nossas regiões autónomas, com uma exceção – os *Länder* estão, em certas matérias, constitucionalmente habilitados, por transferência da Federação, a exercer os direitos de que a Alemanha goza como Estado-Membro da União Europeia, o que nunca pode suceder com uma região autónoma portuguesa.

6.5. Síntese

Do estudo comparativo realizado podem extrair-se as seguintes conclusões:

- Ao contrário do que sucede em Portugal, em que os poderes de participação das regiões autónomas nos assuntos do Estado têm consagração constitucional expressa, ainda que com níveis diversos de concretização, **nas experiências constitucionais estudadas, nem todos os poderes de participação estão previstos nas respetivas constituições**. Muitas vezes é a prática constitucional que os cria e desenvolve, ampliando, assim, os poderes das entidades infraestaduais. A situação inversa também se verifica, ou seja, a restrição de poderes das entidades infraestaduais pela prática constitucional, sem que tenha ocorrido qualquer revisão constitucional;
- Um **aspeto comum** a todas as experiencias constitucionais estudadas relaciona-se com a **importância da Jurisprudência dos tribunais constitucionais** na conformação dos poderes constitucionalmente estabelecidos tanto no que diz respeito à entidade central como às entidades periféricas;

A PARTICIPAÇÃO DAS REGIÕES AUTÓNOMAS NOS ASSUNTOS DA REPÚBLICA

– Na matéria objeto da nossa investigação, as três experiências constitucionais analisadas revelam, entre si, e em relação à experiência portuguesa, **muitos traços comuns**, mas também se encontram **profundas divergências**, provenientes de múltiplos fatores que se prendem, essencialmente, com aspetos históricos, culturais, económicos e sociais.

– No **plano interno**, verifica-se uma certa **convergência** no que diz respeito ao direito à informação e à audição das entidades infraestaduais em relação a assuntos que sejam da sua competência ou do seu interesse, mas que, por razões de interesse nacional e/ou de unidade do Estado, deve ser este a atuar;

– A **participação das entidades infraestaduais é igualmente exigível nos domínios das relações externas, em geral, e da União Europeia, em particular**, desde logo, porque, por um lado, o direito internacional, mas sobretudo, o direito da União Europeia representam, atualmente, uma ameaça aos poderes daqueles entes e, por outro lado, porque a execução interna dos compromissos internacionais e europeus dos Estados é, frequentemente, matéria da sua competência;

– A participação das entidades infraestaduais nas relações externas da entidade central tende a aproximar-se nas experiencias constitucionais estudadas, o que, aliás, tem sido impulsionado pelas próprias instâncias internacionais e, ainda, em maior medida, pela União Europeia.

6.6. A congruência da participação das regiões autónomas nos assuntos da República em face da forma de Estado

Para terminar o estudo da problemática da forma de Estado e da participação dos entes infraestaduais – no caso, as regiões autónomas – nos assuntos da República, importa apurar se a Constituição Portuguesa é coerente nesta matéria.

Da investigação realizada resulta claro que, ao contrário do que sucede com outras Constituições, designadamente, a da nossa vizinha Espanha e, em certo sentido, também a de Itália, **a nossa Constituição não fugiu à qualificação do Estado como unitário** (artigo 6º, nº 1), acrescentando a essa unidade a referência às regiões autónomas

DESENVOLVIMENTO DA LIÇÃO

dotadas de estatutos político-administrativos e de órgãos de governo próprio. Estas últimas encontram-se, no entanto, constitucionalmente circunscritas aos arquipélagos dos Açores e da Madeira (artigo 6º, nº 2), o que leva alguma doutrina portuguesa a definir o **Estado Português como unitário parcialmente regional**[204].

É, pois, no **contexto de um Estado unitário com regiões autónomas** que tem de ser equacionada a participação das regiões autónomas nos assuntos da República.

Vejamos então se as diferentes modalidades de participação das regiões autónomas nos assuntos da República, atrás enunciadas, se coadunam com a forma de Estado constitucionalmente consagrada.

Comecemos pela **audição dos órgãos de governo regional** por parte dos órgãos de soberania. Por um lado, a unidade do Estado impõe que certas matérias se insiram na competência dos órgãos de soberania, pois só através deles se conseguirá prosseguir devidamente o interesse geral, mas, por outro lado, a autonomia, não só administrativa como, sobretudo, política das regiões, pressupõe que elas detenham um conjunto de poderes muito próximos dos da República, designadamente, o poder de fazer leis territorialmente delimitadas à região autónoma.

Ora, nos casos em que, por força da prossecução do interesse geral, os órgãos das regiões autónomas são destituídos de competência para adotar os atos que lhes dizem respeito, então há que proceder à integração da sua vontade de outro modo. Na verdade, as regiões autónomas, além dos interesses diretamente relacionados com o seu território, também participam na definição do interesse geral, na medida em que se integram na comunidade política mais vasta definida pelo Estado unitário, como qualquer outro ente territorial nacional. E nem se diga que o dever de audição coloca as regiões autónomas numa posição privilegiada em comparação com as outras comunidades territoriais, como é o caso das autarquias locais ou das regiões administrativas (quando e se vierem a ser criadas), porque, a verdade é que, do ponto de vista

---

[204] Neste sentido, JORGE MIRANDA, *Manual...*, tomo III, p. 303. Contra, cfr., J. J. GOMES CANOTILHO / VITAL MOREIRA, "Anotação ao 6º", *in CRP...*, p. 236. Consideram estes Autores que não é apropriado qualificar o Estado Português como um Estado Regional, desde logo, porque a Constituição não permite a criação de outras regiões.

da Constituição, as regiões autónomas se encontram num patamar de autonomia diverso – o da autonomia política. Pelo contrário, os outros entes territoriais estão limitados pela autonomia administrativa.

Assim sendo, parece claro que **a cooperação leal entre os órgãos de soberania e os órgãos das regiões autónomas é um imperativo de relacionamento entre eles**. Aliás, em qualquer comunidade politicamente organizada a vários níveis, o princípio da cooperação leal é um dos princípios fundamentais de organização entre os órgãos da comunidade política central, mais abrangente, e os das comunidades integrantes. É, portanto, com base na colaboração imposta por esta partilha de poder político que a audição dos órgãos de governo regional por parte dos órgãos da República se justifica, quando estão em causa assuntos que digam respeito às regiões autónomas.

Uma palavra é devida, em especial, no que diz respeito à **participação das regiões autónomas, na elaboração dos estatutos e da lei eleitoral dos Deputados às suas Assembleia Legislativas**, a qual se deve considerar como uma emanação das *"históricas aspirações autonomistas das populações insulares"*, mencionadas no artigo 225º, nº 1, da CRP.

Não detendo as regiões autónomas o poder de auto-organização pleno, dado que esse incumbe ao Estado – e não poderia deixar de ser assim, por força do princípio da unidade do Estado – também não poderiam ficar totalmente arredadas da aprovação dos estatutos, pois o princípio da autonomia a tal se oporia. A solução de equilíbrio entre estes dois pólos em confronto passa, pois, por um lado, pela reserva de iniciativa estatutária a favor das regiões e pela atribuição da competência de aprovação à Assembleia da República[205], mas, por outro lado, também, pela obrigatoriedade de a AR, se pretender rejeitar o projeto de estatutos ou de lei eleitoral dos deputados das Assembleias Legislativas, ou introduzir-lhe alterações, remeter esses projetos à Assembleia Legislativa para apreciação e emissão de parecer (artigo 226º, nºs 2 e 4, CRP). Só após a elaboração desse parecer, a AR pode discutir e proceder à deliberação final (artigo 226º, nº 3, CRP).

---

[205] Neste sentido, PAULO OTERO, *Direito Constitucional Português*, vol. I, Coimbra, Almedina, 2010, p. 147.

Os limites impostos à AR justificam-se pelo princípio da autonomia, enquanto os limites impostos às regiões se fundamentam no princípio da unidade do Estado, o que se revela consentâneo com a forma de Estado unitário parcialmente regional.

Os poderes de participação das regiões autónomas no **domínio das relações externas** revelam-se igualmente coerentes com a forma de Estado consagrada constitucionalmente.

A subjetividade internacional do Estado e dos entes que o compõem depende, de acordo com o direito internacional, do direito interno de cada Estado. Ou seja, o direito internacional é neutro a este propósito. Daí que, no direito comparado, possamos encontrar Constituições que limitam a subjetividade internacional aos Estados, enquanto outras (ainda raras) atribuem subjetividade internacional a alguns entes infra-estaduais, dotados de autonomia política, seja qual for a sua designação (Estados federados, regiões, comunidades autónomas, etc.).

A Constituição Portuguesa parece reservar para o Estado a subjetividade internacional, desde logo porque atribui aos órgãos de soberania todos os direitos e prerrogativas que dela decorrem. Esta solução é perfeitamente compatível com o caráter unitário do Estado Português. Não se pode, todavia, esquecer que a unidade do poder político, em si mesma, não é um valor absoluto e, muito menos, o único princípio constitucional a ter em atenção. Pelo contrário, a diversidade do poder político assume constitucionalmente igual valor bem como o princípio da sua autonomia no que se refere às regiões autónomas dos Açores e da Madeira. Ora, o princípio da autonomia do poder político não pode deixar de se projetar ao nível externo, em especial numa época, como a atual, em que o âmbito material do direito internacional tende a coincidir com o do direito interno.

A participação das regiões autónomas no domínio das relações externas procura, portanto, compatibilizar os princípios da autonomia e da unidade do Estado, cumprindo, desse modo, a norma constitucional que consagra a forma de Estado unitário parcialmente regional (artigo 6º).

Assim sendo, externamente, o princípio da autonomia manifesta-se na participação das regiões nas negociações dos tratados e acordos internacionais bem como na participação no processo de construção europeia. Considerando que este último é suscetível de produzir um maior grau de invasão nos poderes regionais, a Constituição prevê uma maior intervenção das regiões autónomas neste caso. Por consequência, a representação das regiões autónomas nas instituições regionais da União assim como a representação nas delegações envolvidas em processos de decisão da União Europeia é constitucionalmente imposta, enquanto, no que diz respeito aos tratados e acordos internacionais, a Constituição se limita a exigir a participação das regiões autónomas, sem indicar qual ou quais as modalidades que considera admissíveis.

Em suma, **as modalidades de participação das regiões autónomas nos assuntos do Estado estudadas, afiguram-se consistentes com a forma de Estado**.

7. Síntese e conclusões

Terminada a lição, importa extrair as seguintes conclusões:

1ª) Não obstante a falta de tradição constitucional do Estado português, em matéria de distribuição vertical do poder político por vários centros de decisão, agrupados em função do seus interesses específicos, a Constituição de 1976 introduziu uma profunda alteração na estrutura do Estado, a qual foi reforçada nas sucessivas revisões constitucionais.

2ª) A participação das regiões autónomas nos assuntos da República insere-se no contexto do Estado de Direito Democrático, e dos princípios da unidade do Estado, autonómico, da subsidiariedade e da cooperação leal entre os órgãos de soberania e os órgãos de governo regional. Sendo os poderes das regiões definidos em função do seu território, elas devem tomar parte nas decisões nacionais que se apresentem com alguma especificidade ou peculiaridade relevante no que diz respeito às regiões.

3ª) A participação, enquanto conceito funcionalmente delimitado, implica a colaboração, a cooperação, a expressão de opinião, a influência na solução final, a qual compete aos órgãos de soberania.

4ª) Com exceção do poder judicial, as regiões autónomas participam no plano interno em todos os poderes do Estado, sendo que o âmbito da participação diverge consoante as competências do órgão de soberania que estão em causa.

5ª) As regiões autónomas participam igualmente nas relações externas do Estado, sendo essa participação mais intensa ao nível do processo de construção europeia do que no plano do direito internacional em geral, no qual a unidade da política externa impõe uma maior liberdade aos órgãos de soberania.

6ª) As normas adotadas pelos órgãos de soberania sem a participação das regiões, ou com uma participação insuficiente, quando ela é obrigatória, do ponto de vista constitucional ou estatutário, sofrem de um vício de procedimento. Já o excesso de participação nem sempre tem consequências negativas.

7ª) A participação das regiões autónomas nos assuntos da República não é uma especificidade do sistema constitucional português. Verifica-se em todos os sistemas constitucionais que consagram a descentralização política do Estado bem como os binómios unidade / autonomia ou Federação / Estado federado.

8ª) Em comparação com as experiências constitucionais italiana, espanhola e alemã, a Constituição escrita portuguesa consagra amplos poderes de participação das regiões autónomas. Porém, na "Constituição vivida" os poderes dos entes infraestaduais estudados ultrapassam os poderes das nossas regiões.

BIBLIOGRAFIA CITADA

AJA, ELISEO – "Las relaciones entre el Estado y las Comunidades Autónomas", *in* JAIME RODRIGUEZ-ARANA / PABLO GARCIA MEXIA (dir.), *Curso de Derecho de las Comunidades Autónomas*, Madrid, Ed. Montecorvo, 2003, p. 501-532.

AMARAL, MARIA LÚCIA – "Questões Regionais e Jurisprudência Constitucional: para o estudo de uma actividade conformadora do Tribunal Constitucional, *in* AAVV, *Estudos de Direito Regional*, Lisboa, Lex, 1997, p. 264-296.

AMARAL, MARIA LÚCIA – *A Forma da República, Uma Introdução ao Estudo do Direito Constitucional*, Coimbra, Coimbra Editora, 2005.

BARRETO VALVERDE, JUAN IGNACIO – "Las relaciones entre el Senado y las Assembleas de las Comunidades Autónomas", *Revista de las Cortes Generales*, 1998, p. 65-77.

BARTOLE, SERGIO / BIN, ROBERTO / FALCON, GIANDOMENICO / TOSI, ROSANNA – *Diritto Regionale*, Bolonha, Il Mulino, 2011.

BLANCO DE MORAIS, CARLOS – "O modelo de repartição da função legislativa entre o Estado e as Regiões Autónomas", *in* AAVV, *Estudos de Direito Regional*, Lisboa, Lex, 1997, p. 201-241.

BLANCO DE MORAIS, CARLOS – *A autonomia legislativa regional*, Lisboa, AAFDL, 1993.

CÂMARA VILLAR, GREGORIO – "El principio y las relaciones de colaboración entre el Estado y las Comunidades Autónomas", *Revista Electrónica de Derecho Constitucional*, 2004, p. 197-240.

CARAVITA, BENIANIMO – *Lineamenti di Diritto Costituzionale Federale e Regionale*, 2ª ed., Turim, G. Giappicheli Ed., 2009.

CARETTI, PAOLO – "Potere estero e ruolo «comunitário» delle Regioni nel nuovo Titolo V della Costituzione", *Le Regioni*, 2003, p. 555-574.

CARETTI, PAOLO / BARBIERI, GIOVANNI TARLI – *Diritto Regionale*, 2ª ed., Turim, G. Giappicheli Ed., 2009.

COSTA E SILVA, PAULA – *As operações a descoberto de valores mobiliários*, Coimbra, Coimbra Editora, 2010.

D'ATENA, ANTONIO – "Guistizia costituzionale e autonomie regionali. In tema di apllicazione del nuovo título V", *in Giurisprudenza costituzionale ed evolucione dell'ordinamento italiano*, disponível em http://www.cortecostituzionale.it/ConvegniSeminari.do.

DUARTE, MARIA LUÍSA – "União Europeia e Entidades Regionais: as Regiões

BIBLIOGRAFIA

Autónomas e o processo comunitário de decisão", *in A União Europeia e Portugal: a actualidade e o futuro*, Coimbra, Almedina, 2005, p. 2946.

FERNANDEZ SEGADO, FRANCISCO – "La acción exterior de las Comunidades Autónomas", *in* JAIME RODRIGUEZ-ARANA / PABLO GARCIA MEXIA (dir.), *Curso de Derecho de las Comunidades Autónomas*, Madrid, Editorial Montecorvo, 2003, p. 659-753.

FERNANDEZ SOLA, NATIVIDAD – "La acción exterior de la Comunidad Autónoma en el nuevo Estatuto de Autonomía de Aragón", *Revista Electrónica de Estudos Internacionales*, 2007, in www.reei.org, 27 págs.

GOMES CANOTILHO, J. J. – *Direito Constitucional e Teoria da Constituição*, 7ª ed., Coimbra, Almedina, 2003.

GOMES CANOTILHO, J. J. / VITAL MOREIRA, *CRP – Constituição da República Portuguesa Anotada*, vols. I e II, 4ª ed. rev., Coimbra, Coimbra Editora, 2007 e 2010.

GONÇALVES PEREIRA, ANDRÉ / QUADROS, FAUSTO DE – *Manual de Direito Internacional Público*, 3ª ed., Coimbra, Almedina, 1993.

JANER TORRENS, JOAN DAVID – "La acción exterior de la Comunidad Autónoma de las Islas Baleares trás la entrada en vigor del nuevo Estatuto de Autonomia", *Revista Electrónica de Estudos Internacionales*, 2007, in www.reei.org, 25 págs.

LUCAS PIRES, FRANCISCO / RANGEL, PAULO CASTRO – "Autonomia e soberania (Os poderes de conformação da Assembleia da República na aprovação dos projectos de estatutos das regiões autónomas)", *in* MANUEL AFONSO VAZ / J. A. AZEREDO LOPES (coord.), *Juris et de jure – Nos vinte anos da Universidade Católica Portuguesa – Porto*, Porto, 1998, p. 411-434.

MACHETE, PEDRO – "Elementos para o estudo das relações entre os actos legislativos do Estado e das Regiões Autónomas no quadro da Constituição vigente", *in* AAVV, *Estudos de Direito Regional*, Lisboa, Lex, 1997, p. 87-145.

MANGIAMELI, STELIO – "Il significato della riforma a dieci anni dalla revisione del Titolo V della Costituzione", *Le Regione*, 2010, p. 1235-1246.

MARTINEZ PUÑAL, ANTONIO – "As Regiões Autónomas dos Açores e da Madeira e a actividade externa de Portugal", *Scientia jurídica*, 1983, p. 26-59.

MEDEIROS, RUI / PEREIRA DA SILVA, JORGE – *Estatuto Político-Administrativo dos Açores Anotado*, 1ª ed., Lisboa, Principia, 1997.

MIRANDA, JORGE – "A autonomia legislativa regional e o interesse específico das regiões autónomas", *in* AAVV, *Estudos de Direito Regional*, Lisboa, Lex, 1997, p. 13-18.

MIRANDA, JORGE – "A jurisprudência constitucional sobre as regiões autónomas", *in XXV anos de Jurisprudência Constitucional Portuguesa*, Coimbra, Coimbra Editora, 2009, p. 419-440.

MIRANDA, JORGE – "O interesse específico das Regiões Autónomas", *in* AAVV, *Estudos de Direito Regional*, Lisboa, Lex, 1997, p. 37-49.

MIRANDA, JORGE – "Sobre a audição dos órgãos das Regiões Autónomas pelos órgãos de soberania", *in Estudos em Homenagem à Professora Doutora Isabel de Magalhães Collaço*, volume II, Coimbra, Almedina, 2002, p. 779-793.

MIRANDA, JORGE – *Curso de Direito Internacional Público*, 4ª ed., Lisboa, Principia, 2009.

MIRANDA, JORGE – *Manual de Direito Constitucional*, tomo III, Estrutura constitucional do Estado, 6ª ed., Coimbra, Coimbra Editora, 2010.

BIBLIOGRAFIA

MIRANDA, JORGE – *Manual de Direito Constitucional*, tomo V, 4ª ed., Coimbra, Wolters Kluwer/Coimbra Editora, 2010.

MIRANDA, JORGE – *Manual de Direito Constitucional*, tomo V, Coimbra, Coimbra Editora, 1997.

MIRANDA, JORGE / MEDEIROS, RUI – *Constituição Portuguesa Anotada*, volume III, Coimbra, Coimbra Editora, 2007.

MONTILLA MARTOS, JOSÉ ANTONIO – "Las relaciones de colaboración en el nuevo marco estatutario: bilateralidad y participación", *Revista de Estúdios Políticos*, 2011, p. 153-159.

MOURA RAMOS, RUI MANUEL GENS DE – *Da Comunidade internacional e do seu Direito – Estudos de Direito Internacional Público e Relações Internacionais*, Coimbra, Coimbra Editora, 1996.

MUÑOZ MACHADO, SANTIAGO – *Derecho Público de las Comunidades Autónomas*, I, 2ª ed., Madrid, iustel, 2007.

OTERO, PAULO – "A competência legislativa das regiões autónomas", *in* AAVV, *Estudos de Direito Regional*, Lisboa, Lex, 1997, p. 19-36.

OTERO, PAULO – *A renúncia do Presidente da República na Constituição Portuguesa*, Coimbra, Almedina, 2004.

OTERO, PAULO – *Direito Constitucional Português – Organização do Poder Político*, vols. I e II, Coimbra, Almedina, 2010.

PALERMO, FRANCESCO – *Il potere estero delle Regioni – Ricostruzione in chiave comparata di un potere interno alla costituzione italiana*, Milão, Cedam, 1999.

PALOMARES AMAT, MIGUEL – "Las relaciones entre la Generalitat de Cataluña y la EU en el Estatuto de Autonomia de Catalanuya del 2006, in www.reei.org, 23 págs.

PANARA, CARLO – "In the Name of Cooperation: The External Relations of the German *Länder* and Their Participation in the EU Decision-Making", *European Constitutional Law Review*, 2010, p. 59-83.

PATRUNO, LUCIANO – "Riflessioni preliminari per uno studio dei processi di trasformazione dello spazio substatale", *Diritto Pubblico*, 2004, p. 151-186.

PEREIRA DA SILVA, JORGE – "O conceito de interesse específico e os poderes legislativos regionais, *in* AAVV, *Estudos de Direito Regional*, Lisboa, Lex, 1997, p. 297-319.

PEREIRA DA SILVA, JORGE – "Região Autónoma", *in Estudos de Direito Regional*, Lisboa, Lex, 1997, p. 902-941.

PÉREZ TREMPS, PABLO – "La ejecución del Derecho europeo por las Comunidades Autónomas", *in* JAIME RODRIGUEZ--ARANA / PABLO GARCIA MEXIA (dir.), *Curso de Derecho de las Comunidades Autónomas*, Madrid, Ed. Montecorvo, 2003, p. 755-782.

PINHEIRO, DUARTE REGO – "Notas sobre o poder regional de iniciativa legislativa", *in Estudos de Direito Regional*, Lisboa, Lex, 1997, p. 803-812.

PONS RAFOLS, XAVIER / SAGARRA TRÍAS, EDUARDO – La acción exterior de la Generalitat en el nuevo Estatuto de Autonomia de Cataluña, *Revista Electrónica de Estudos Internacionales*, 2006, in www.reei.org, 75 págs.

QUOC DINH, NGUYEN / DAILLIER, PATRICK / FORTEAU, MATHIAS / PELLET, ALAIN – *Droit International Public*, 8ª ed., Paris, L.G.D.J., 2009.

REBELO DE SOUSA, MARCELO / MELO ALEXANDRINO, JOSÉ DE – "Anotações aos artigos 227º e 229º", *in Constituição da República Portuguesa Comentada*, Lisboa, Lex, 2000, p. 357 e seguintes e 363 e seguintes.

RUGGERI, ANTONIO – "Riforma del Titolo V e "Potere Estero" delle Regioni

(Notazioni di Ordine Metodico-Ricostruttivo)", *Diritto e Società*, 2003, p. 2-74.

SOUSA PINHEIRO, ALEXANDRE – "Audições das Regiões Autónomas previstas no Regimento do Conselho de Ministros – Anotação ao Acórdão do Tribunal Constitucional nº 130/06", *Jurisprudência Constitucional*, nº 9, 2006, p. 27-42.

STARCK, CHRISTIAN – "I *Länder* Tedeschi ed il Potere Estero", *Giurisprudenza Costituzionale*, 1992, p. 3394-3404.

VÍRGALA FORURIA, EDUARDO – "Las relaciones de inordinación en el Estado autonómico español", *Revista de Estúdios Políticos*, 2011, p. 109-152.

WOELK, JENS – "La partecipazione diretta degli enti substatali al processo decisionale comunitário. Considerazioni comparative", *Le Regioni*, 2003, p. 575-597.